Girl talk 2.0

Come on, girls, and celebrate
the experience of womanhood!
Share your thoughts and concerns!

女子会2.0

「ジレンマ+」編集部 編

NHK出版

まえがきに代えて——

女子会観戦記

古市憲寿

この恐ろしい本ができるまで

女子会というのは、さしたる目的もなく、ただただ女子たちが話す会のことである。つまり、井戸端会議。それがオシャレなカフェやレストランで開かれると、一気に「女子会」という名前が与えられる。

今回、僕は女子でもないのに、女子会に呼ばれた。しかし、その女子会たるや非常に恐ろしいものだった。丸の内ＯＬたちがＦａｃｅｂｏｏｋに、フォンダンショコラの写真と共に「いつもの４人がお仕事終わりに銀座のフレンチビストロに集合♪」なんていうエントリーをアップするような女子会では決してない。[1]

何しろ参加メンバーが、千田有紀さん、水無田気流さん、西森路代さんという、一見穏やかな表情をしているが、経歴を見る限り、どんなルサンチマンや憎悪やパッションを抱えているのかわからない女性ばかり。フォンダンショコラなどではなく、生肉が好きそうな人々だ。

その座談会はＮＨＫ「ニッポンのジレンマ」というテレビ番組と連動したウェブサイト「ジレンマ＋」で公開されたのが、思わぬ反響を得たらしい。それに気をよくしたＮＨＫ出版が書籍化に踏み切ったのがこの本だ。

タイトルは『女子会2・0』。世にも恐ろしいメンツの女子会に加えて、この本のために様々な論考が寄せられた。結果、一冊で「女子」の過去、現在、未来がわかるような実践的な本ができあがった。

どこから読み始めてもいいが、やはり座談会パートから目を通すのがいいだろう。

さながら女子更衣室のような、笑顔で互いを値踏みし合うような激戦が繰り広げられるのかと思ったら、そんなことはまるでなかった。本編を読んでもらえばわかるが、基本的に終始和やか。ふわっとした楽しげな話が多い。

これは、おじさんばかりの学会シンポジウムではなく、あくまでも女子会なので、別に話にエビデンスなんていらないのである。

とはいえ、専門家たちの女子会だけあって、女性の結婚やキャリアに関する真面目な話も多かった。女子会パートを読み終える頃には、女子たちが抱える個人的に見える悩みも、実は制度や規範といった社会的なものと深く関わっているということがわかると思う。「女子」の置かれた現状が暴かれるという意味で、それは非常に恐ろしくもある。

五人の女子たちが見た現代日本

女子会パートを補強するように、この本には五つの論考が収録されている。

1 もっとも、そのような女子会は、コラムニストのジェーン・スーにいわせれば「女にとってはホルモン注射の打ち合い＝女の女装承認会」である。詳しくは、読んでいるとゾクゾクしてくる彼女のブログ記事「女子会には二種類あってだな」を参照(http://janesuisjapanese.blogspot.jp/2013/02/vol5.html)。

一つ目は、千田有紀さんの「恋愛と結婚はつながっているのか? ～ロマンティック・ラブ・イデオロギーを見直す」。恋愛の歴史を紐解くことで、実は女子たちが憧れる「恋愛」なんてものが、歴史的にとても新しく、そして政治的なものであることを明らかにする。

運命の相手に出会って、一生に一度の恋に落ち、その人と結婚し、子どもを産んで一生添い遂げる——。そんなことは無理だとわかっていても、僕たちはどこかでそれを恋愛のあるべき姿だと夢見てしまう。そんな「ロマンティック・ラブ・イデオロギー」って実は「変態」的なんじゃない、と痛快に切り込んでいく。

二つ目の論考は、石崎裕子さんの「『憧れ』か、『リスク』か～専業主婦という選択」だ。世界の中で日本がいかに「男女格差」のある国なのかをふまえた上で、「専業主婦」なるもののイメージと現実を明らかにしていく。

面白いのは女性雑誌『VERY』を通した分析だ。生活感が隠蔽され、夫や実家の経済力を基盤に、「幸福な専業主婦像」を提示してきた『VERY』。しかし最近では、同誌でさえも専業主婦に対する眼差しが変わってきているという。憧れの『VERY』生活も楽ではないらしい。

三つ目の論考は、水無田気流さんの「『玉の輿幻想』と『理想の妻』の変遷～夢と希望の同床異夢を検証する」。とっくに前提となる社会状況が変わったにもかかわらず、「昭和的世界感」がくすぶり続ける日本社会を痛快に描く。

現代の女性たちは母親世代と違って、結婚をしても生活水準の向上は見込めない。一人で妻や子どもを養えるような若年男性も減ってきた。育児休暇などの制度もかつてよりは整った。にも関わらず、若い女性たちの間で専業主婦志向や性別分業肯定意識が高まっている。なぜか？　社会学者としての水無田さんが鋭く切り込む。

四つ目は、西森路代さんの「あなたの『ロールモデル』は？～生き方が細分化する時代の〝お手本〟像」。この数十年の女性たちにとっての「ロールモデル」を考察しながら、現代がいかにそれを探すのが困難なのかを示す論考である。

読んで印象的だったのは、昔がいかにわかりやすい時代だったのかということだ。高度成長が終わっても、文化的にまだまだ未成熟だったこの国では、テレビドラマのヒロインや雑誌が提示する女性像が、たやすく女性たちの憧れになり得た。だけど、今は違う。「ロールモデル」も細分化の時代だ。地方出身、地元で働きながら突然趣味に目覚めて上京した西森さんの生き方も、現代における一つの「ロールモデル」なのかもしれない。

最後の論考は、白河桃子さんの「モヤモヤ女子に捧ぐ～不確定な人生を生き抜くための『武器』四か条」。瀧本哲史さんのベストセラーである「武器」シリーズの女性版ともいえる内容で、実践的なアドバイスが満載のエッセイだ。

現代を生きる女子たちに、「こうすれば幸せになれる」という唯一無二の法則はない。だけど、ただ王子様が現れるのを待っていても、なかなか夢は叶わない。憧れの専業主婦になれても、そこにはリスクだらけ。しかし、仕事と育児の両立はまだまだこの国では難しい。ではどうしたらいいのか。白河さんなりの、この時代を「楽しく生き抜く」ためのヒントがたくさん書かれている。僕の妹にも読ませたい。

女子会とは万人に開かれたアゴラである

この本は、一冊を通して読むことで、「女子」たちが置かれた状況が広く、実践的に把握できるようになっている。

僕から見ても、同世代の女の子たちは大変だなあと思う。男の子たちは二〇代、三〇代とがむしゃらに働きたければ働き続けることもできるが、女の子の場合、出産にはタイムリミットがある。だから、子どもを産むという選択をした場合、どこかでキャリアに空白ができてしまう。

待機児童が問題になっているように、日本では子どもを育てる環境がまだ十分に整っているとはいえない。だから、出産か仕事か、みたいな二者択一を迫られてしまう人が少なくない。

ただし、翻って男の子たちも大変だ。長期的な安定雇用が減っていくように見える中で、なかなか「俺に着いてこい！」なんてことは言えない。かといって、一般職としてのんびり働くなんていう選択肢を、多くの企業は用意してくれていない。

本書の中で何度も引用されている内閣府「男女共同参画社会に関する世論調査」によれば、「夫は外で働き、妻は家庭を守るべきである」と考える二〇代は五〇・〇パーセント。女性では四三・七パーセント、男性では五五・七パーセント（**四〇ページ、資料10**）。前回の調査よりも大きく増えたという。

これはきっと、反実仮想といった面が強いのだろう。そういった生き方が希少になっているから、憧れる人が増える。だけど、給料も上がらない、安定雇用が少なくなっていくとなれば、夫が外で働き、妻が家庭にいる、なんて暮らし方はできなくなっていく。

ちなみに僕は外で働きたくもないし、家庭を守りたくもない。どっちも誰かにやって欲しいなあと思う。

もう少し真面目に書けば、働くことと家庭を守ることを男女が役割分担する必要はないし、それは結婚したカップルなど男女のペアである必要もない。

さらにいえば「家庭を守る」って言葉の意味がわからない。別に家庭なんてルンバとセコムにでも守ってもらえばいい。

そうやって、男だとか女だとか、働くだとか守るだとかが、混ざり合って、溶け合ってしまったほうが、もっとみんな生きやすくなると思う。

実は、これこそが「女子」的発想なのだ。少なくとも、本書『女子会2・0』にはそういった考え方が通底している。「女子」には様々な定義があるだろうが、[2]この本に登場する「女子」たちに共通するのは、大人の男たちが作りだしてきた「昭和的価値観」から自由であり、それに突っ込みを入れているという点である。

「女子会」に参加資格があるかどうかに、女子か男子かは関係ない。女子会とは、万人に開かれたアゴラなのだ。

2 なぜ「女子高生」や「女子大生」といったように制度の中で規定されてきた「女子」という言葉が、今のような使われ方をするようになったかについては馬場伸彦・池田太臣編『「女子」の時代！』(青弓社、二〇一二年)を参照。

目次

第１章

結婚で幸せになれますか?

ハワイへ新婚旅行に向かう、1967年の新婚カップルたち。日本人の海外渡航が自由化されたのは1964年のこと。このころはまだ新婚旅行先も九州など国内が一般的だった。第一次ベビーブーム世代が25歳となった1970年から74年にかけて、史上最高の婚姻件数、100万件を記録した。（写真　時事）

座談会・1

結婚で幸せになれますか?

旧来の結婚観を捨てられない

編集S(31歳女子) 私の最初の問題意識から始めますね。近代に入って特権階級のみならず誰もが結婚できるようになったという「**再生産平等主義**[1]」(落合恵美子『21世紀家族へ――家族の戦後体制の見かた・超えかた 新版』有斐閣選書)がありましたが、今は特に仕事を選んだり結婚することで年収や人生が決まってしまうために、逆に不平等が生まれるという「再生産の不平等」の話を、千田さんがご著書(『日本型近代家族』勁草書房)で書いていらっしゃいました。

今、大学も仕事も、恋愛相手、結婚相手も自由に選べるのですが、自由に生きることで結果的には自由ではない、窮屈になっていることがあるのではないかと思います。

1 再生産平等主義
皆が適齢期に結婚をして、二、三人の子どもがいる家族をつくること。この場合の「再生産」とは、次世代(子ども)を産み育てることを意味する。前近代社会では、必ずしも全員が結婚していたわけではなかった。近代に入って、どんな人も結婚するようになったのである。(千田)

2 規範
社会や集団において、人に対して「何をすべき」、「何を期待されている」、逆に「何をしてはいけない」というような、行動や判断の基準のこと。

でも一方で、「女性は家庭、男性は仕事」という価値観が正しいと思うかを質問した調査**（資料1）**では、女性の半分近くが「そう思う」という結果が出ているのを見て……。

西森　女性がそう言いたがる感じがすごくわかりますね。

編集S　各国比較**（資料2）**でも、日本が突出しているんです。その考え方にもたぶん偏りがありますよね。結婚などの制度のみならず、私たちの価値観のほうにもそもそも問題があるのかなと思うのですが……。「女子学生が保守化している」という話もよく耳にします。

水無田　確かに、すごく保守化傾向といいますか、専業主婦志向が高まっているというふうな言われ方をします。ただ、この場合の専業主婦志向というのが単純に〝保守化〟なのか、つまり、文化的な望ましさの問題なのか、**規範**[2]の問題なのか、**ライフコース**[3]選択の問題なのか、安定志向の切断面なのか、いろいろな切り口があると思います。

わかりやすく言えば、かつての昭和的、高度成長期的な安定した社会構造があってこそ、**性別分業**[4]も成り立っていたわけです。企業は**護送船団方式**[5]で、系列企業同士はスクラムを組んで極力つぶれないような形になっていて、被雇用者から見れば**日本型雇用慣行**[6]がしっかり守られてい

3 ライフコース
年齢ごとに期待される社会的役割の束。個人から見れば、生まれてから死ぬまで、一生の間にたどる道筋のこと。

4 性別分業
家庭において、夫と妻の役割について明確に区分すること。「夫は仕事、妻は家事・育児」が代表的な例。性別役割分業ともいう。

5 護送船団方式
（護送船団が最も速度の遅い船に合わせて進むところから）特定の産業の中で、最も体力のない企業に足並みを揃え、落ちこぼれの企業が出ないようにして、産業全体の存続と利益を確保する方式のこと。

6 日本型雇用慣行
新入社員を定年まで雇用する「終身雇用」、雇用年数により賃金が上昇する「年功序列」、企業ごとに労働組合が結成される「企業内組合」を特徴とする。これらの慣行は、従業員の企業に対する帰属意識や忠誠心を高める効果があった。

［資料 1］

「夫は外で働き、妻は家庭を守るべきである」という考え方について（その1）

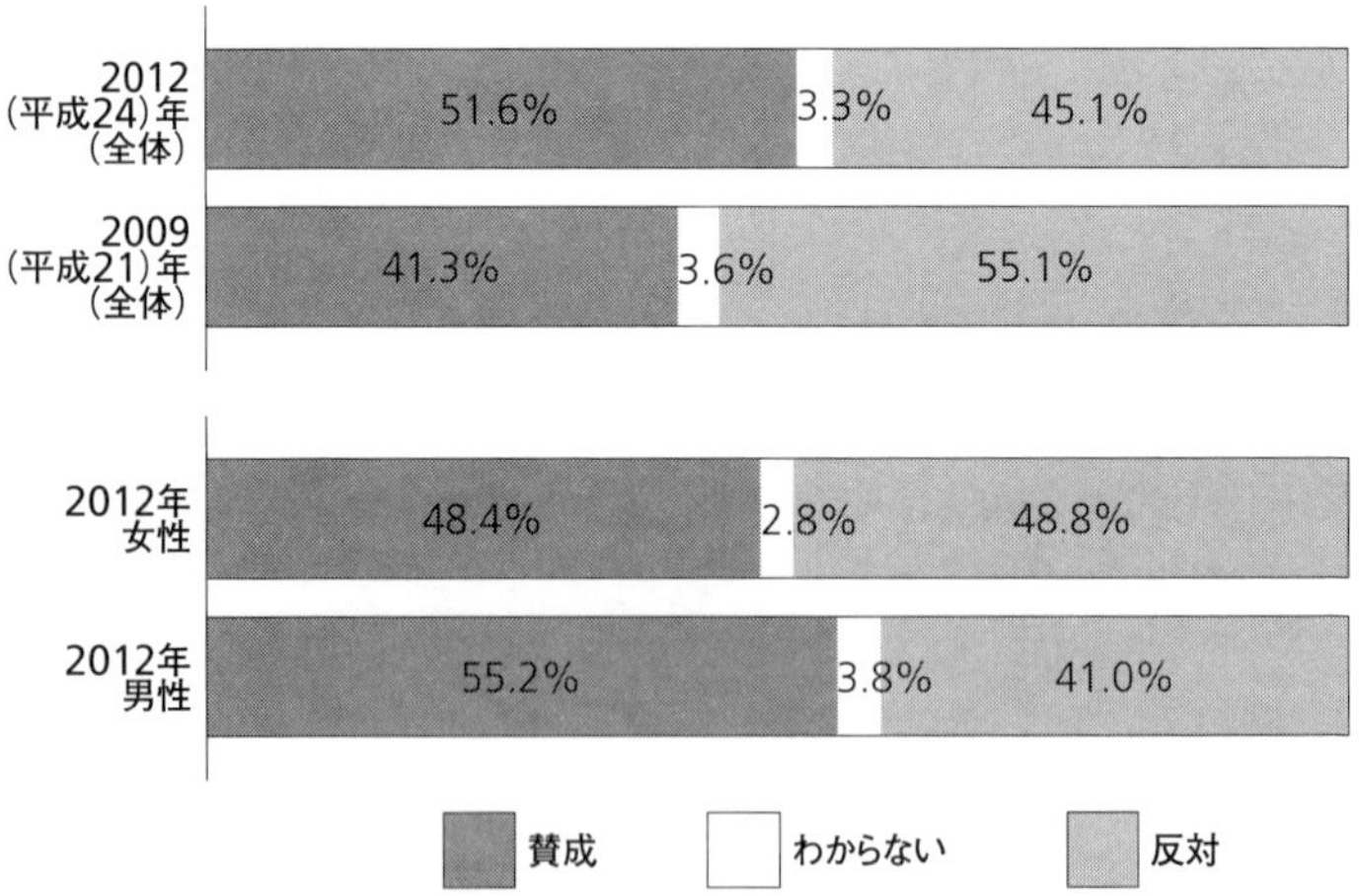

資料）内閣府「男女共同参画社会に関する世論調査」（2012年）
注）「賛成」は「賛成」＋「どちらかといえば賛成」、「反対」は「反対」＋「どちらかといえば反対」。p.40「その2」も参照。

［資料２］

「男は仕事、女は家庭」に同意する者の割合

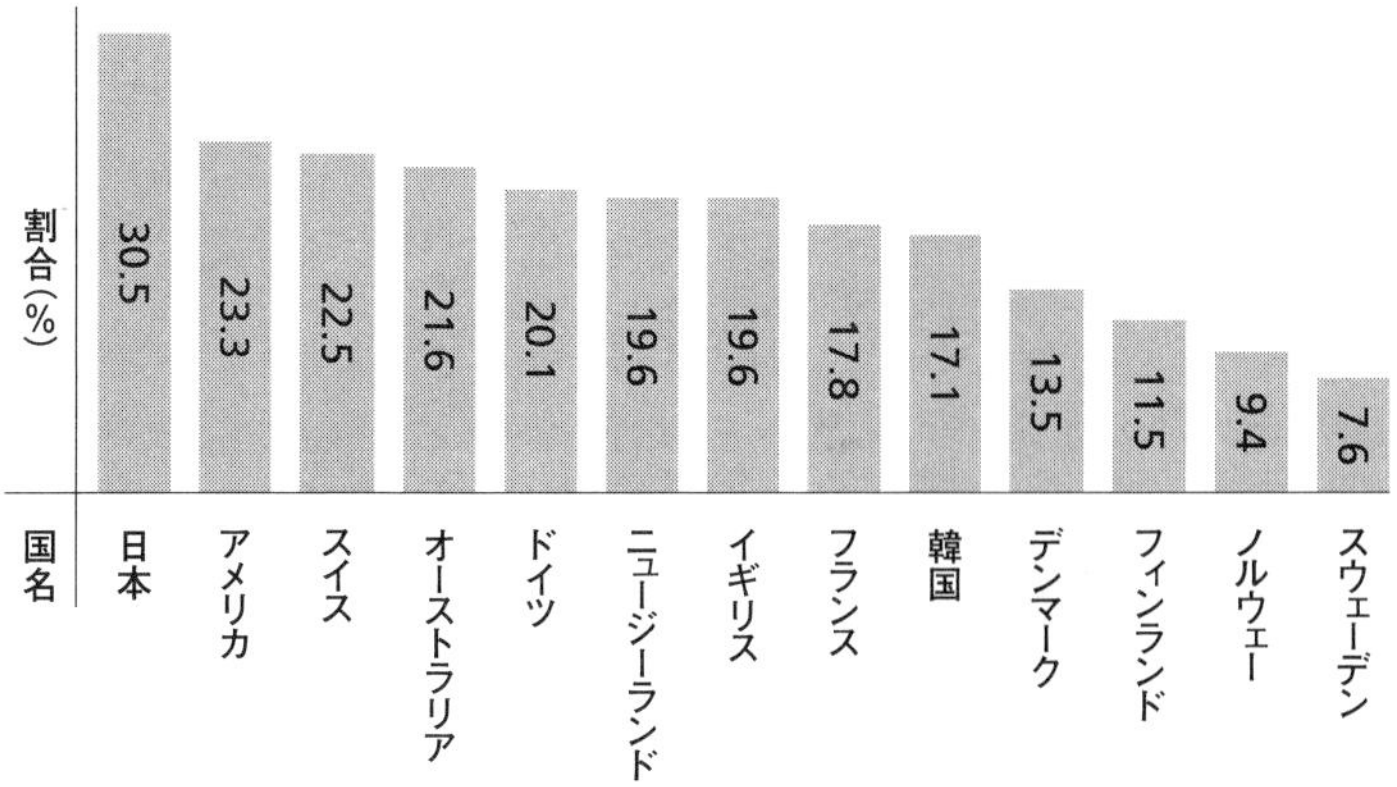

資料）男女共同参画会議　少子化と男女共同参画に関する専門調査会「少子化と男女共同参画に関する社会環境の国際比較　報告書」（平成17年9月）

る。女性は正規雇用の男性、つまり、**ブレッドウィナー**[7]となるような男性とくっついて専業主婦になり、「ブレッドウィナー・アンド・ハウスメーカーカップル」になるという……ある意味、そういう形への憧れが強くなってきています。

千田　私も、日本型経営の終焉と家族の変化がリンクしている点については同感です。

特に一九九〇年代後半から、正規雇用がかなり非正規雇用に置き換わったわけですよね**（資料3）**。大きく割りを食ったのが、古市さんやもう少し上ぐらいの若者の世代です。

古市　そうですね。

千田　つまり、現在では結婚相手が今までのようなブレッドウィナーになれないというか、日本型の雇用環境に守られていないわけです。そうすると、専業主婦になるというオプション自体が初めから阻まれていて、女性にとってそのオプションはあまりないと思います。

配偶者控除の適用のデータ**（資料4）**を見ると、明らかに右肩上がりのグラフになっていて、収入が高ければ高いほど適用割合が高い。専業主婦なわけです。

つまり専業主婦になりたいということは、専業主婦をさせてくれるような男の人をつかまえたいという意見の表明であって、現実にできるかというと……実現可能性に関しては難しいと思っているのではないかと思います。

西森　先日、ある大学で学生に話を聞いたときに、皆この事実はちゃん

7 ブレッドウィナー
一家の生計を支える稼ぎ手のこと。

［資料３］

正規雇用と非正規雇用の割合

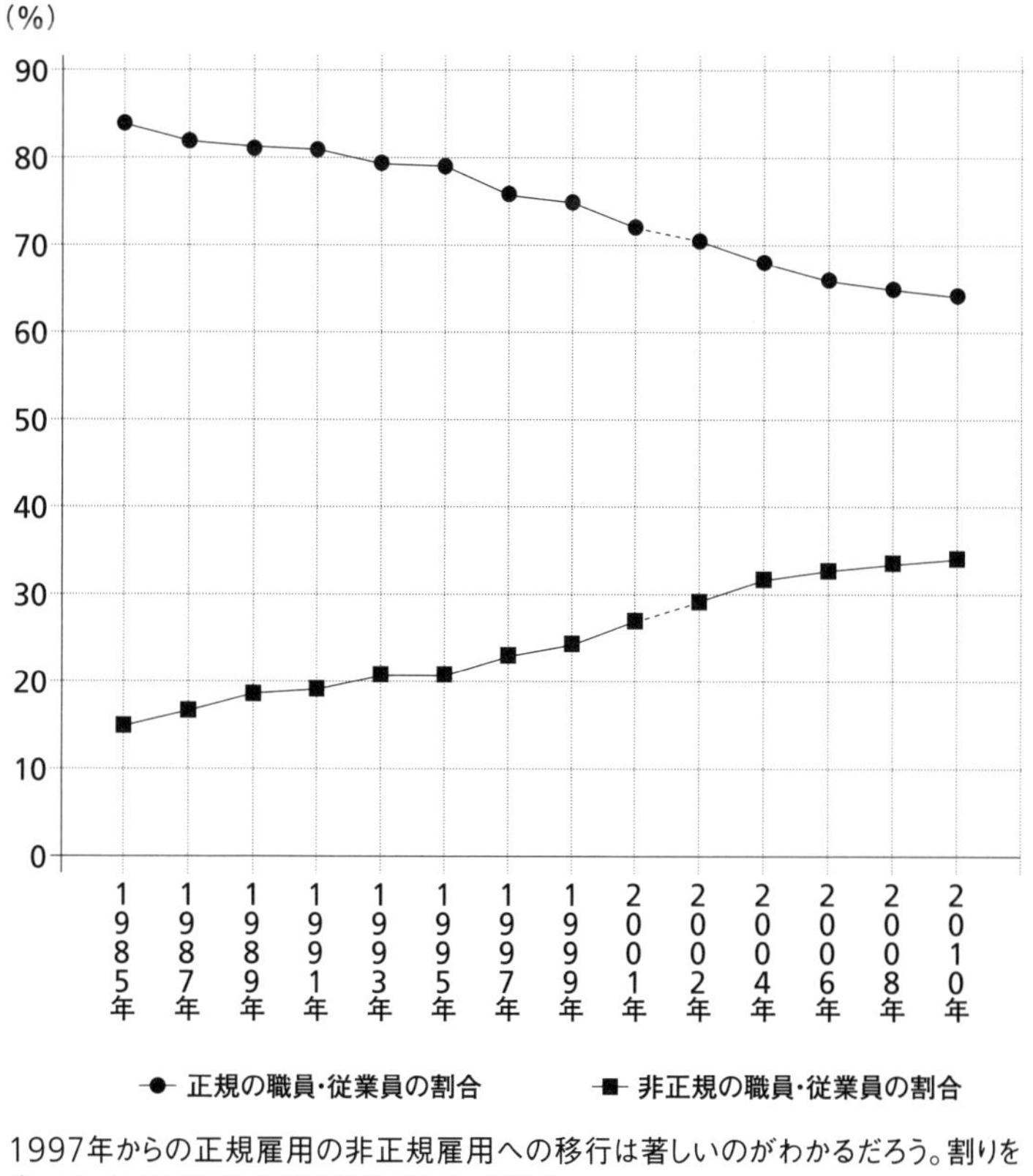

1997年からの正規雇用の非正規雇用への移行は著しいのがわかるだろう。割りを食っているのは当時の若者世代である。（千田）

資料）総務省「労働力調査」

注）2001年以前は「労働力調査特別調査」、2002年以降は「労働力調査（詳細集計）」により作成。割合は「正規の職員・従業員」と「非正規の職員・従業員」の合計に対するもの。

と知っていて、納得していて、実現可能性が高くないということもちゃんと理解している。なのに、いざ自分のこととして「どうですか？」と聞いたときは、自分だけは大丈夫だと思っているという傾向がすごく高くてビックリしました。

水無田　客観的に見れば難しいだろうというのは、わかっているんです。でも、自分がその〝望ましさ〟を捨てるというのがなかなかできない。「北風と太陽」ではないですけれど、逆風があればあるほど、古い幸福観にしがみついてしまうというように……。

先日、**宇野常寛**[8]さんとの対談の中で、若い女の子たちに旧来の結婚観、幸福観を捨てさせるのは、反政府勢力に武装解除させるより難しい、ということを話しました。要するに人間は、嫌な事柄を改善したり捨てたりというのは、比較的前向きに取り組むことができるんです。でも、望ましいもの、譲れないと思っているものをみずから捨てるのは、ものすごく難しいことなんですよね。

今、専業主婦といっても、一九九七年以降、被雇用者世帯（サラリーマン世帯）を見ると、「専業主婦のいる世帯」を「共働きの世帯」が抜いて、もうどんどん差が開いています**（資料5）**。

千田　そうですね。共稼ぎと片稼ぎの割合が、ちょっともたついている時期もありましたけれど、今は完全に差がつきましたね。

水無田　全体で見ても、就業している女性に関して言えば、中高年の四〇代以上、なおかつ非正規雇用という人のほうがマジョリティです。

そして、「女性の社会進出」が若年男性の職を奪っているとか、通り一遍に言われるのですが、実はそれは……。

千田　そう言われているのですか？　非正規雇用は、女性のほうが圧倒的に多いのに。

水無田　そうなんです。今なお、素朴にそんなことを信じている人たちが結構います。学会報告の場ですら、少子化について論じていたら、「女性を就業させなければいい」という意見があっさり出たことがあり、しばしがく然としたことがあります（苦笑）。

若年男性の雇用環境悪化は、産業構成比の変化などの影響が大きいのですが、世間の〝感情〟は、どうしてもわかりやすい対象に批判の矛先を向けがちなようです。でも、それは誤った認識ですね。

実質的には、あまりよい表現ではありませんが、要は「女性の社会進出」という言葉でイメージされるような〝エリート・ワーキングウーマン〟が増えているのではなく、〝パートのおばさん〟が増えている。既婚女性がどうして働きに出なくてはならないかというと一番の動機は「家計の足し」で、その家計で一番お金がかかるのが、やっぱり子どもの教育費ですよね。つまり、子どもたちの教育費捻出のためにパートに出る中高年既婚女性が増えているだけなんですよ。

8 宇野常寛
評論家、雑誌『PLANETS』編集長。若手の論客として注目されている。最近は、大事なことを決めるときには、横山由依推し。AKB48横山ならどちらを選ぶだろうか、というのを判断基準の一つにしているという。（古市）

［資料４］

給与階級別の配偶者控除の適用割合

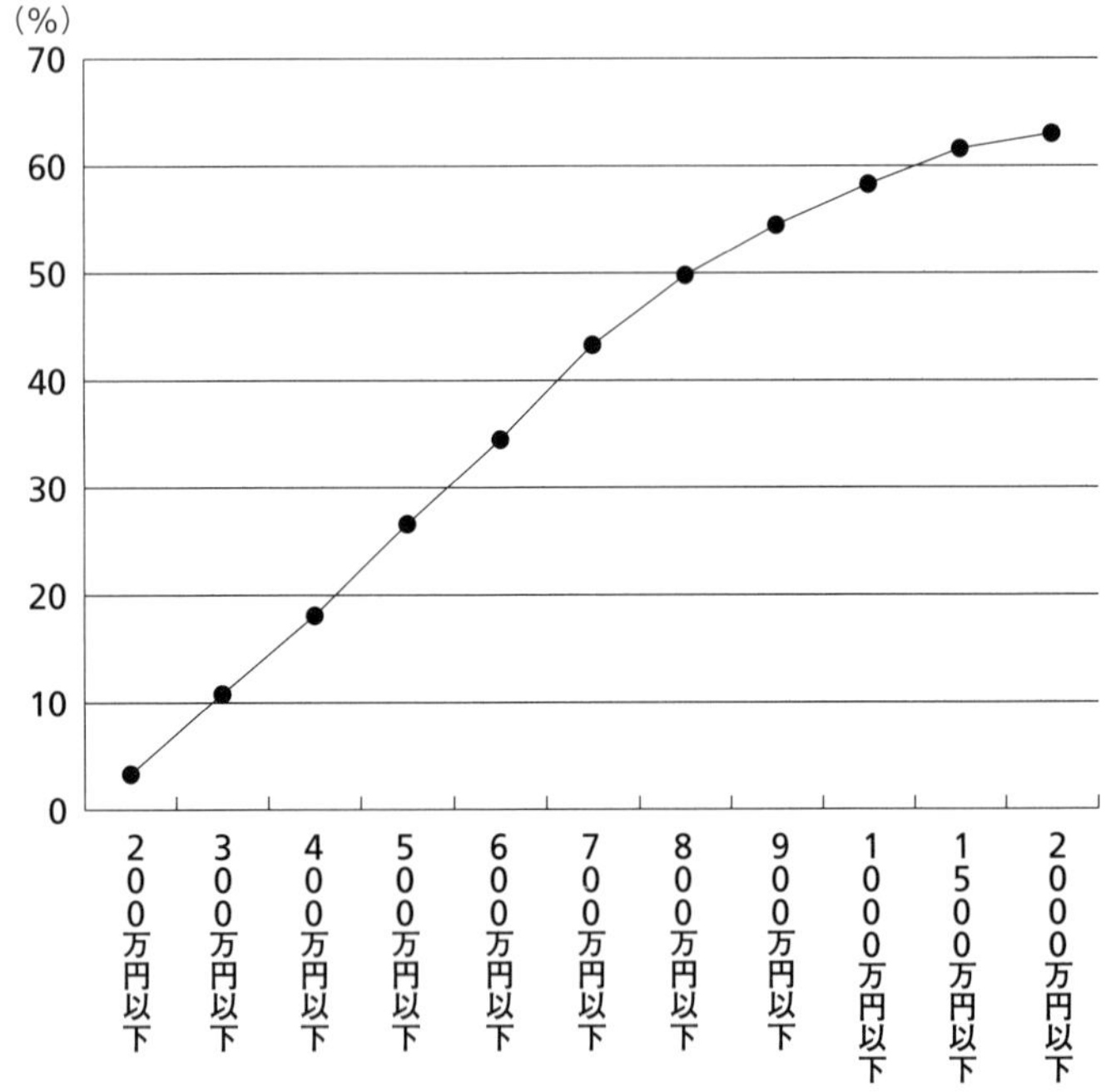

給与が高い人のほうが、配偶者の収入がないか、もしくは少ないため、控除を受ける割合が高い。累進課税を考慮すれば、控除は給与が高いほど効果が高く、平等の観点からは望ましい税制とは言いにくい。（千田）

資料）国税庁「民間給与実態統計調査（平成23年分）」
注）「年末調整を行った1年を通じて勤務した給与所得者」の総数に対する配偶者控除の適用者の割合。

[資料 5]

共働き等世帯数の推移

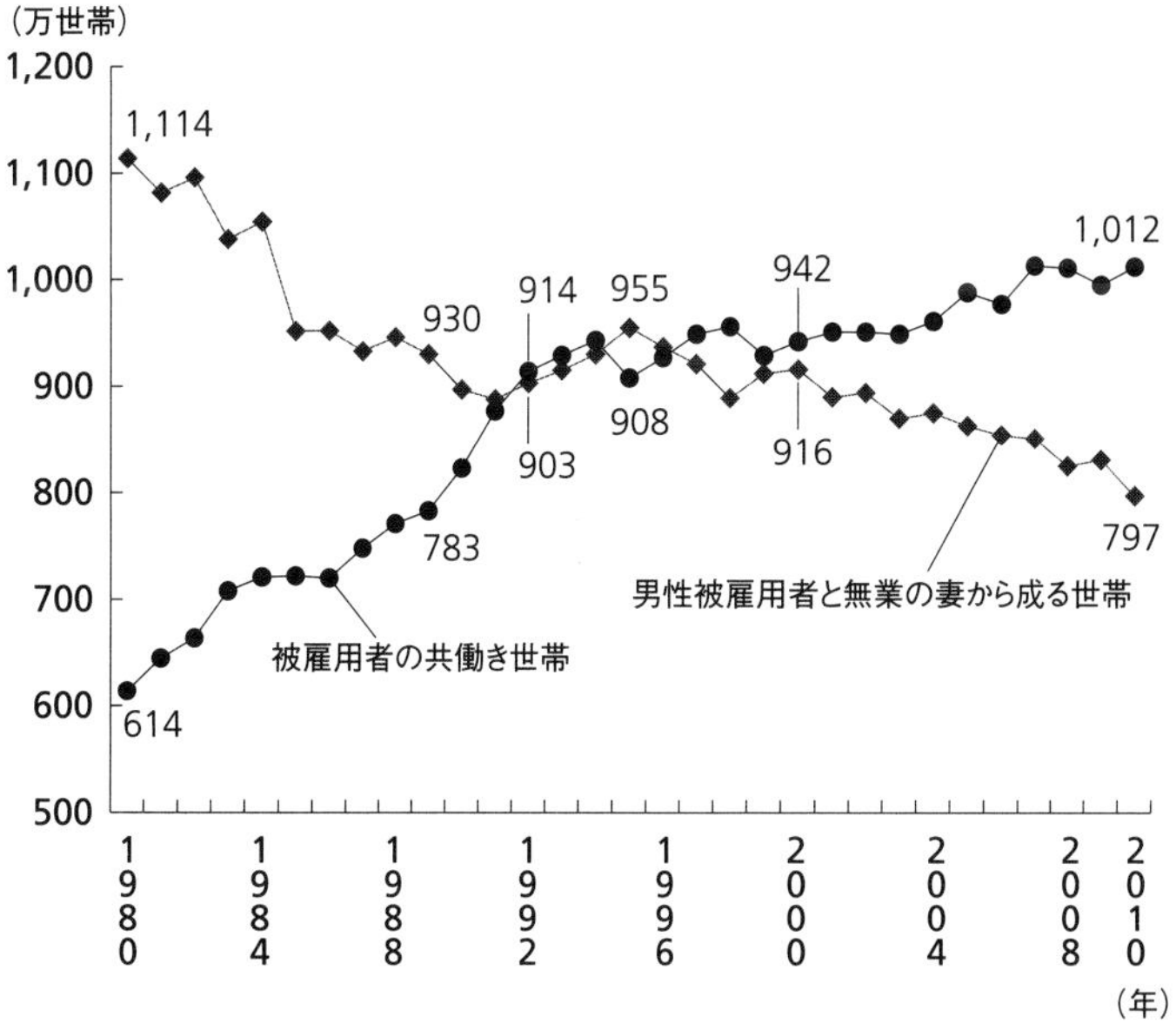

資料)『男女共同参画白書(平成23年版)』
注) 1980(昭和55)年から2001(平成13)年は総務省「労働力調査特別調査」(各年2月。ただし、1980年から82年は各年3月)。2002年以降は「労働力調査(詳細集計)」(年平均)より作成。
「男性被雇用者と無業の妻から成る世帯」とは、夫が非農林業雇用者で、妻が非就業者(非労働力人口および完全失業者)の世帯。「被雇用者の共働き世帯」とは、夫婦ともに非農林業雇用者の世帯。

実際には、産業構成比**（資料6）**を見てみると、近年、製造業とか建設業とか、もちろん農林水産業などもシュリンク（縮小）していますけれど、要するに男性の〝筋肉量〟を必要とするような分野の労働市場がどんどん目減りしていっています。

一方で、ここ一五年ぐらいの間に増えているのが医療・福祉です。ケアワーカーなどの職種は、やはり女性が多いですね。そういう仕事は、製造業などに比べると相対的に賃金水準が低いですし、ホームヘルパーなどは典型的ですが、従事者はほぼ女性で、年齢層は四〇～五〇歳代が圧倒的多数派です。年齢が高くなるほど非正規雇用者も増えるなど、要は〝パートのおばさん労働力〟でまかなわれています。需要は右肩上がりですが、賃金水準の低さが問題視されてもいます。果たして若い男性は、需要があるからと、最初からそんなパートのおばさんが主力の労働市場に入りたいかというと、あまり入りたいとは思わないでしょう。

ともかく、確かに統計を見ると「女性の社会進出」は進んでいるようですが、そこは数字上のミスマッチというか、働かざるをえない中高年既婚女性が増えているという現実を見なければならない。

そして、若い女の子たちはそれを見て、「パートに出たら負けかな」と思っているのではないかというのが、私の分析です。要するに若い女の子たちは、家計の必要に応じてパートに出ることも辞さないような庶民的専業主婦というよりも、むしろ時間にも経済的

[資料6]

産業別就業者構成割合の推移

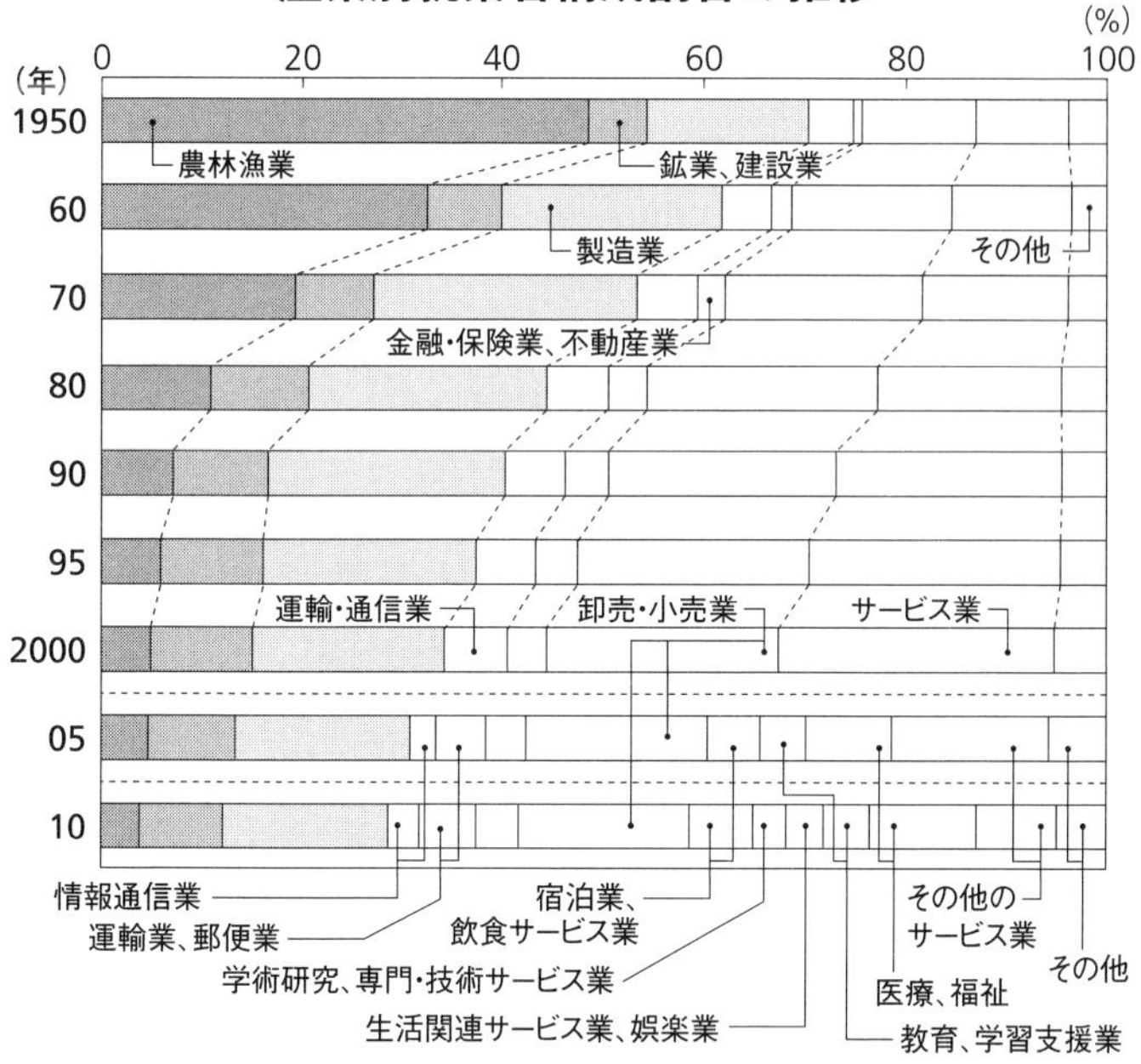

戦後間もない1950年では、農林漁業の第一次産業に就業者のおよそ半数が従事していたが、2010年では5%を下回っている。第二次産業従事者は、1950年では就業者の2割であったがその後急増し、70年から90年まで34%前後で推移したが、2010年には25%を切っている。サービス業などの第三次産業に就業している者は1950年では3割弱、70年には4割を超え、2010年には7割を締めている。中でも、医療・福祉に就業している者は1割以上おり、今後も増加が見込まれている。（水無田）

資料）総務省統計局「国勢調査」（1950〜2005年）、「労働力調査」（2010年）
注）日本標準産業分類の改訂（第11回、第12回）により、2005年、2010年とそれ以前とでは産業の表章が異なっているため、接合は行えない。
2010年の「運輸業」には郵便を含み、「金融・保険業、不動産業」には物品賃貸業を含む。また、飲食店、宿泊業は「宿泊業、飲食サービス業」としている。2000年までの「卸売・小売業」には飲食店を含む。

にも余裕のある〝セレブ妻〟になりたいわけですね。自分の生活観とか結婚観は、どうしても自分の生育環境に根差しますから、自分の生まれ育った、**一家の大黒柱**[9]の父親が自分にしてくれたようなことをできそうな男性を求めてしまうわけです。

千田　それはたぶん高い**階層**[10]の話かなという気がします。例えば、私が知っている女子大生、いわば中堅どころの大学生の話ですが、「理想のライフコースを書いてください」と言うと、「**M字型雇用**[11]」みたいなことをはっきり書いてきます。結婚してしばらくしたら、パートに出たいというふうに。なぜパートなのかというと、彼女たちは最初からスーパーなどでパートをやっているんですね。本当はマクドナルドやスターバックスで働くことにすごく憧れているのですが、今は非正規雇用の人がたくさんいるから、「君たち試験前とか休むでしょ。学生バイトはいらない」と言われるそうです。だから、男の子は魚にラップをかけて、女の子はレジ打ちしていて……。慣れ親しんだ仕事に戻るということだと知って、私は結構ショックを受けましたね。

水無田　東京の話ですか？

千田　東京近郊ですね。あまり**上昇志向**[12]がなくて、なんか脱力系です。

9 一家の大黒柱
前出の「ブレッドウィナー」と同義。主として扶養家族を養う役割を負う家族成員。日本では、高度成長期に日本型雇用慣行のもと、男性正規雇用者が妻子を単独の稼ぎで養う労働観・家族観が浸透した。（水無田）

10 階層
社会的な地位がおおよそ同じくらいの人々の集団のこと。財産や学歴、職業、年齢、身分などに使われる。社会学では収入に代表させることが多い。

11 M字型雇用
女性労働者の年齢階層別の労働力率をグラフで表すと、三〇代前半を底とする「M字型」のカーブを描く。これは、結婚して家事・育児に専念する時期に一度仕事を辞め、その後パートタイム労働などに復帰するという女性の就業状況を表している。

今の若い子は、**バブル世代**[13]から見たら、ビックリするくらい、なんでそんなにやる気ないの？　上を目指さないの？　と思いますよ。

バーベキューができないと田舎では暮らしていけない!?

西森　宝島社のOL向け女性ファッション雑誌『steady.』が意外と売れているそうですが、都市型じゃなくて田舎型で、どちらかというとバリバリ働く女性ではなくて非正規雇用の女性が読んでいるような感じなんですね。

そして、本当に皆さんがおっしゃっているように、**高望み系**[14]じゃない。「**怒られないファッション**[15]」とか、「会社で**ドジっ子**[16]やっちゃった」みたいな(笑)。ドジっ子なんだけど、最終的には会社の後輩に「そんなドジだから俺がそばにいないと」と言われちゃうような、そういう物語の一か月コーディネートページが毎号繰り広げられていて、本当に高望みじゃないんです。

千田　ねぇ～(激しく同意)。やっぱり現在は産業構造が変わりましたからね。今はサービス業か、アイデアという形のないものを商品にする人

12 上昇志向
向上心を持って、より高い次元を目指そうとする気持ち。「成りあがり」(ⓒ矢沢永吉)をはじめとして、日本経済の幾ばくかは人々の上昇志向によって担われてきた。(千田)

13 バブル世代
一九八〇年代終わりから九二年にかけて起きた好景気のことを「バブル景気」というが、この時期に就職した世代のこと。それ以降の「就職氷河期世代」と比較されることも多い。

14 高望み系
ハイブランド物を身に着け、デキる女を気取り、そして相手にも、自分と同等にセンスもよく仕事ができる人を求める人々のこと。(西森)

15 怒られないファッション
主に、入社時期である三月号、四月号で特集されがち。オフィスで浮いたりしないファッションを指す。スカートが短いなど、女性の上司に嫌われないことが第一条件。(西森)

にしか雇用がないですよね。機械化によって人の手を使う産業は空洞化してきている。才能を使ってすごく上のほうに行けるような人は、それこそ一攫千金みたいなことを考えるかもしれないけれど、そこにも手が届かないと初めから思っている子たちは、「もし総理大臣になったら何をしたい？」みたいな話をしても、「総理大臣って、みんなに怒られる係ですよね」とか、「文句ばっかり言われるんですよね」と……。「なりたいとか思ったこと一度もないですよ」みたいな子たちが、結構マジョリティではないですか？

西森 でも、古市さんとかもそういう考えはありますよね。「怒られるの嫌だし」みたいな……。

古市 総理大臣は別にならなくていいですよね(笑)。

ただ、大都市に住む若者への調査を見ていると、二〇代の三割ぐらいは有名人になりたいと答えていますね（**資料7**）。

千田 有名人にはなりたいんですか？

古市 あと、独立してお店を持ちたいとか、起業志向とかも、大体三割ぐらいですね。

千田 だから、組織の中で責任を持つ総理大臣にはなりたくないけれど、セレブというか、著名人にはなりたい。

水無田 「テレビに出ている人になりたい」というのは、小学生の女の

16 ドジっ子
もともとは少女漫画からきているのかもしれないが、女性ファッション誌の一か月コーディネートでは、必ず、忘れ物をしたり、遅刻したりと「ドジっ子」なエピソードが登場する。男性に「コイツ、かわいいな」とギャップ萌えを誘発させるとの思い込みが根底にあると思われる。（西森）

［資料７］

大都市に住む20歳代の若者の職業意識

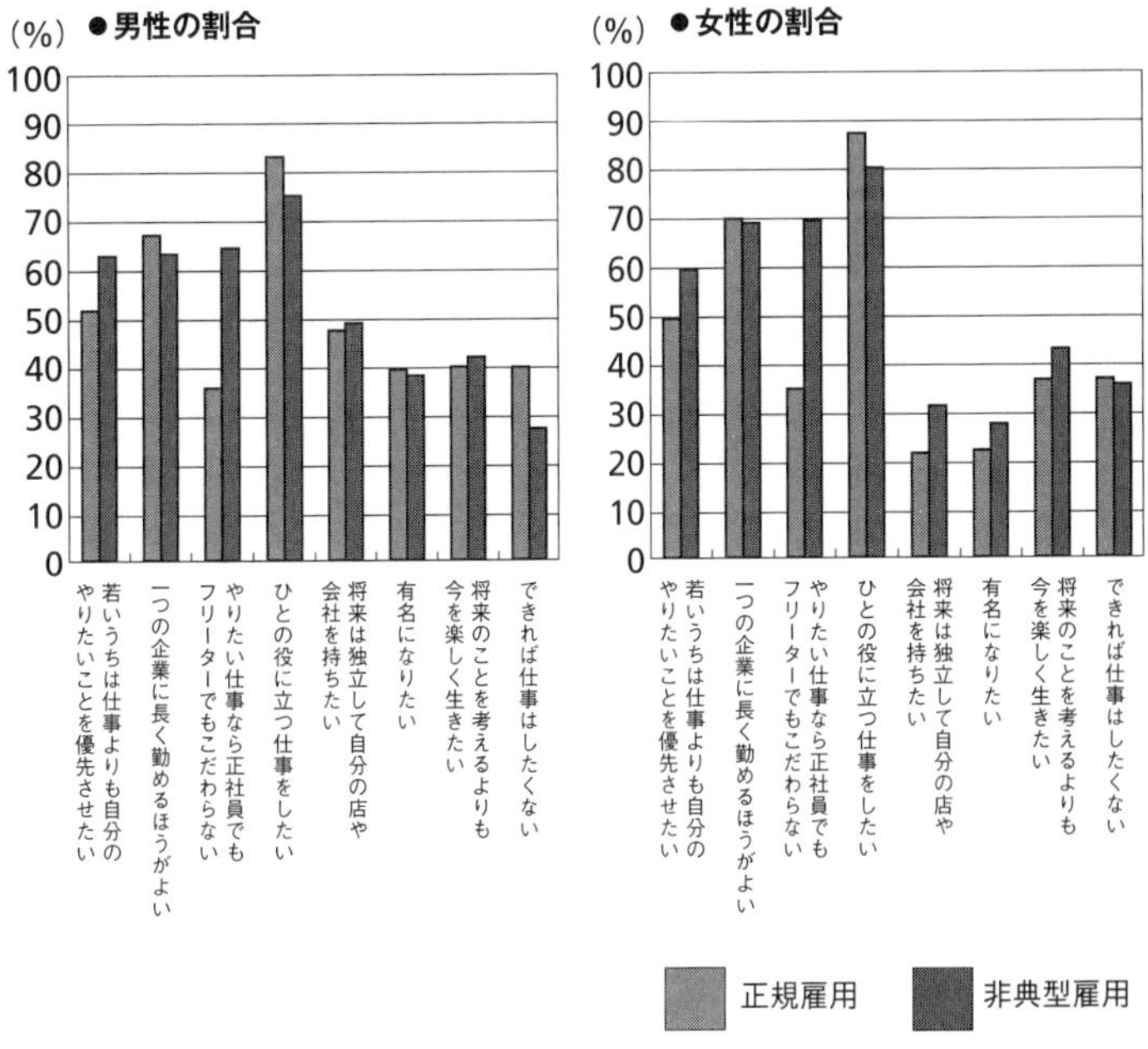

正社員志向や専業主婦人気など「保守化」が指摘される若者たちだが、データによれば独立志向が男性では約5割、有名人になりたいと考える人も約4割いる。ただし実際の若年層の起業率、自営業率は極めて低い。（古市）

資料）労働政策研究・研修機構「大都市の若者の就業行動と意識の展開」

注）2011年調査のデータ。肯定回答（「そう思う」＋「ややそう思う」）の割合。

「非典型雇用」とは、「派遣・契約」＋「アルバイト・パート」。

子に多い意見でもありますね。

西森　アイドルもじゃないですかね。

水無田　何か特定の職業ではないんですね。「テレビに出ている人になりたい」って。

西森　チヤホヤされたいということですよね。アイドルやアナウンサーになる**フック**[17]として学歴をつける人もいますしね。

水無田　だから、地域社会などの人間関係が希薄になっている中で、〝遠くの隣人より近くの芸能人〟とでもいうような現象が起きているのではないでしょうか。

　チヤホヤ志向もある一方で、極端なリスク回避志向も目につきます。以前、すごく意識が高い女子学生に「どうしてもリスクを取りたくないんですけど、**ベンチャー**[18]で起業するのと公務員を目指すのと、リスクはどちらが高いんですか？」と聞かれたことがあるんですね。「それをいきなりはかりにかけるのか⁉」と思いました(笑)。

　低成長時代で、デフレ社会を生きてきて、とにかくリスクの低いものを……今あるものを手放さずに生きていけることを考えている。大企業でも安穏《あんのん》としてはいられないし、現状では女性はなかなか出世できない。究極の選択なんでしょうね。

千田　組織の中に入って幸せがあるとあんまり思っていないんです。正社員なら**一般職**[19]というラインが今まであったわけですよね。例えば銀行の一般職。そこが女子の就職率を結構押し上げているんです。今までだったら、何年か働いて社内結婚とかして専業主婦になって……というコースがすごくよく見えたのですが、今はそれすらよく見えなくなってきている。国立社会保障・人口問題研究所の調査**（資料8）**などを見ても、結婚相手との出会いの形態として明らかに〝社内結婚〟というものが減っています。今まで「いい企業に入ると女としての就職も保障されていた」のが、それすらもなくなってきているということがわかります。

古市　でも、地方はまだそういうのが残っているのではないでしょうか。例えば、地銀（地方銀行）とか。僕は、全然地方のことがわからないので、勝手に「地方」を想像すると、東京などのいい大学を出た人が地方に帰って地銀に入り、地元の一般職で入ってきたお嬢様と結婚して幸せ！　みたいなルートが、まだまだありそうな気がするんですが……。

西森　まだ、あるのかなぁ!?　私が地方にいた一五〜一六年前のときは、確実にそうだったんですが……。でも、私がいた会社も女子は全員派遣社員になりましたから、たぶん働いているだけで社内結婚というのは難しい。自分も派遣だったのでわかりますが、**コンプライアンス**[20]がガチガチで飲み会などの時間外のコミュニケーションも気軽にできない

17 フック
興味をひくための仕掛けのこと。もともとの意味は「かぎ（鉤）」。

18 ベンチャー
新しい領域のビジネスを行っている企業やそのビジネスのこと。もともとの意味は「冒険」。

19 一般職
正社員のうち、定型的な仕事や補助的な仕事を行う社員のこと。対になる言葉は、基幹となる仕事を行うとされる「総合職」。男女雇用機会均等法の施行に伴って、性別による差別的待遇が禁止されたため、総合職や一般職というコース別人事が行われるようになった。

20 コンプライアンス
「法令遵守」の意味であるが、法律を守っていればよいというわけではなく、社内規則から業務マニュアル、世間の常識、社会貢献まで、かなり広い範囲が含まれる。

し、職務の違いから階層差を感じたりすることもあるし……。

古市　実際恋人がいる割合とか結婚している割合は、地方のほうが低いですよね。

水無田　そうなんです。「彼女いない歴全人生」という人も、地方のほうが多いですね。平成二三年の「結婚・家族形成に関する調査」**（資料9）**では、二〇代・未婚男性のうち「交際経験なし」は都市部では三割ですが、地方だと四割にのぼります。地方は男性のモテ格差もすごく大きいんです。それは、地方在住の既婚者と未婚者の格差に如実に反映されています。

また生涯でつきあった人の数を調べると、地方の既婚男性は、今まで恋人として交際した人数が、二〇代・三〇代ともに未婚者の倍ぐらいです。

千田　地方は二極化していて、結婚が早い人は結構早いんですよね。それで、ワンボックスカーを買って、子どもをたくさん連れて、いろいろな家族とバーベキューをしたり……みたいな生活をする。ネットワークも高校のときのものが、まだずっと生きていて、それは大学のではないんですよね。

西森　地方ではバーベキューができないと生きていけないんです。私、できないから東京に出てきたんですよ（笑）。

千田　東京はバーベキューがむしろないからね（笑）。

ただ古市さんが言うような「地方にＵターンする人」は一握りのエリートで、そうい

[資料8]

夫妻が出会ったきっかけ

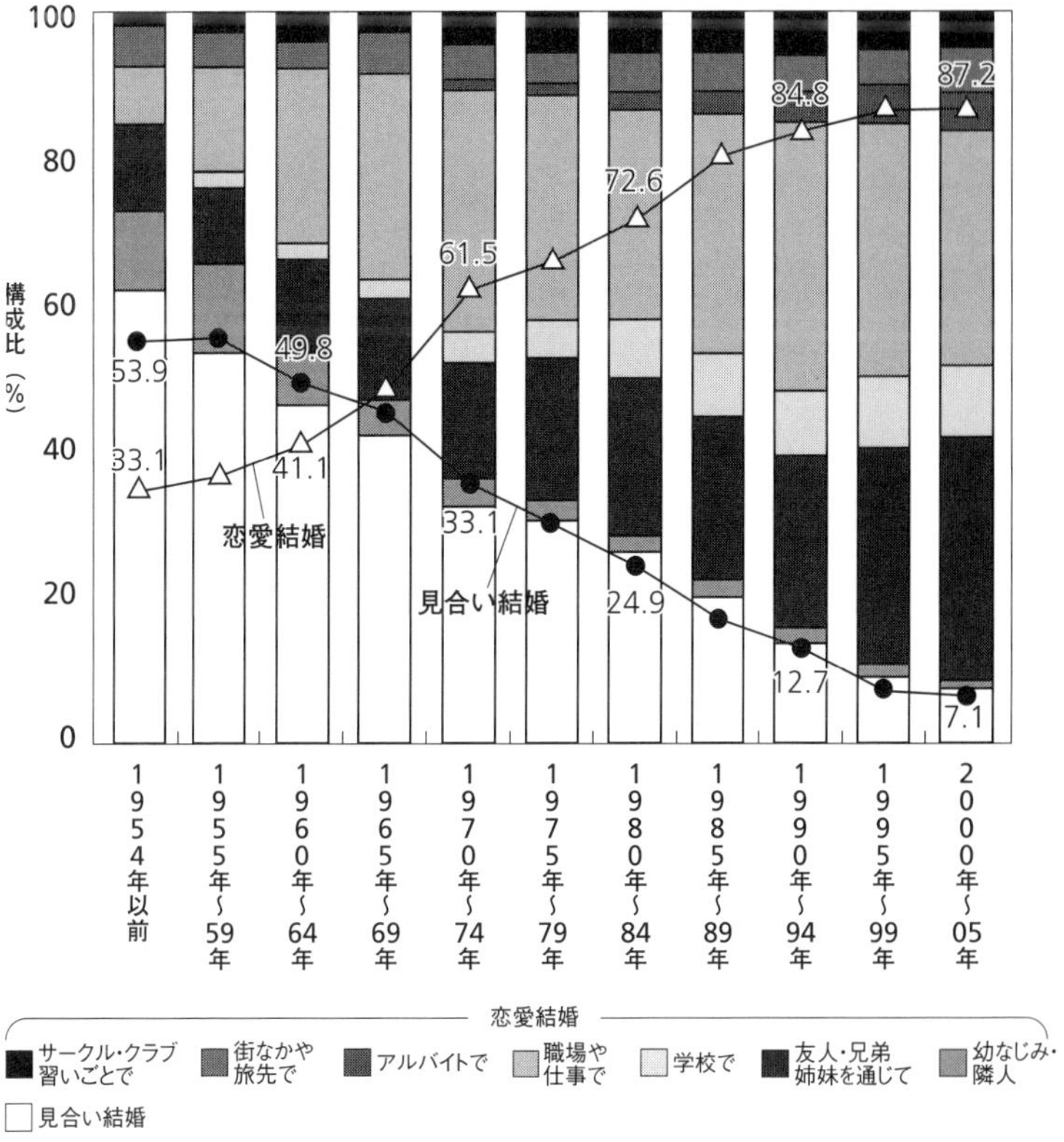

見合い結婚が恋愛結婚を上回った1965年あたりから、職場結婚や仕事で出会って結婚している人たちが増加し始め、1995年からは減少している。そのかわり、友人、きょうだいの紹介は一貫して増加している。持つべきものは友、ということか。社会関係資本が大切なのだ。（千田）

資料）国立社会保障・人口問題研究所「出産力調査」（第7回〜第9回）、「出生動向基本調査」（第10回〜第13回）

注）対象は、各調査時点より過去5年間に結婚した、初婚どうしの夫婦（妻が回答）。見合い結婚とは「見合いで」および「結婚相談所で」と答えたもの。

う人にはたぶん女子が群がりますよ。地方の雇用は、それこそ**インフラ系**[21]とマスコミ、それ以外ないですよね。

西森　あと、公務員と。でも、もしかしたら地方の人は、エリートがどうこうとかあんまり考えない人のほうが多いかもしれません。

古市　先ほど千田さんがおっしゃっていた、「スーパーでバイト」している女の子たちは、相手はやっぱりエリートがいいとかも別にないのでは……。

千田　思っていないと思いますけどね。ただ実際にちゃんと暮らしていけるだけの収入を得ることも、なかなか難しいんですよね。**クオリティ・オブ・ライフ**[22]は高いけれど。

西森　むしろ「エリートの人の話って意味わかんないし嫌だな」と思っているかもしれません。

千田　なんか「面倒くさそう」みたいなのはあるかもしれないですよね。

歯科衛生士と薬剤師、どちらを選ぶ？

水無田　確かに昨今の結婚観は〝水平婚〟ないしは〝同類婚〟志向というか、要するに自分と同水準のトライブ（集団）に行きますよね。

21 インフラ系
インフラとは「インフラストラクチャー」の略で、「基盤、下部構造」の意味。一般には、生活や産業に必要な構造物のことを指す。道路、港湾、橋などの建造物、学校、病院などの公共施設、上下水道、電気、ガスなどの公共的事業が含まれる。

22 クオリティ・オブ・ライフ
Quality of Life＝生活の質。人が、どれだけ自分らしい生活を送り、人生に幸せを感じ、満足しているかを評価する概念。頭文字をとり、「QOL」ともいう。

［資料 9］

今までに恋人として交際した人数

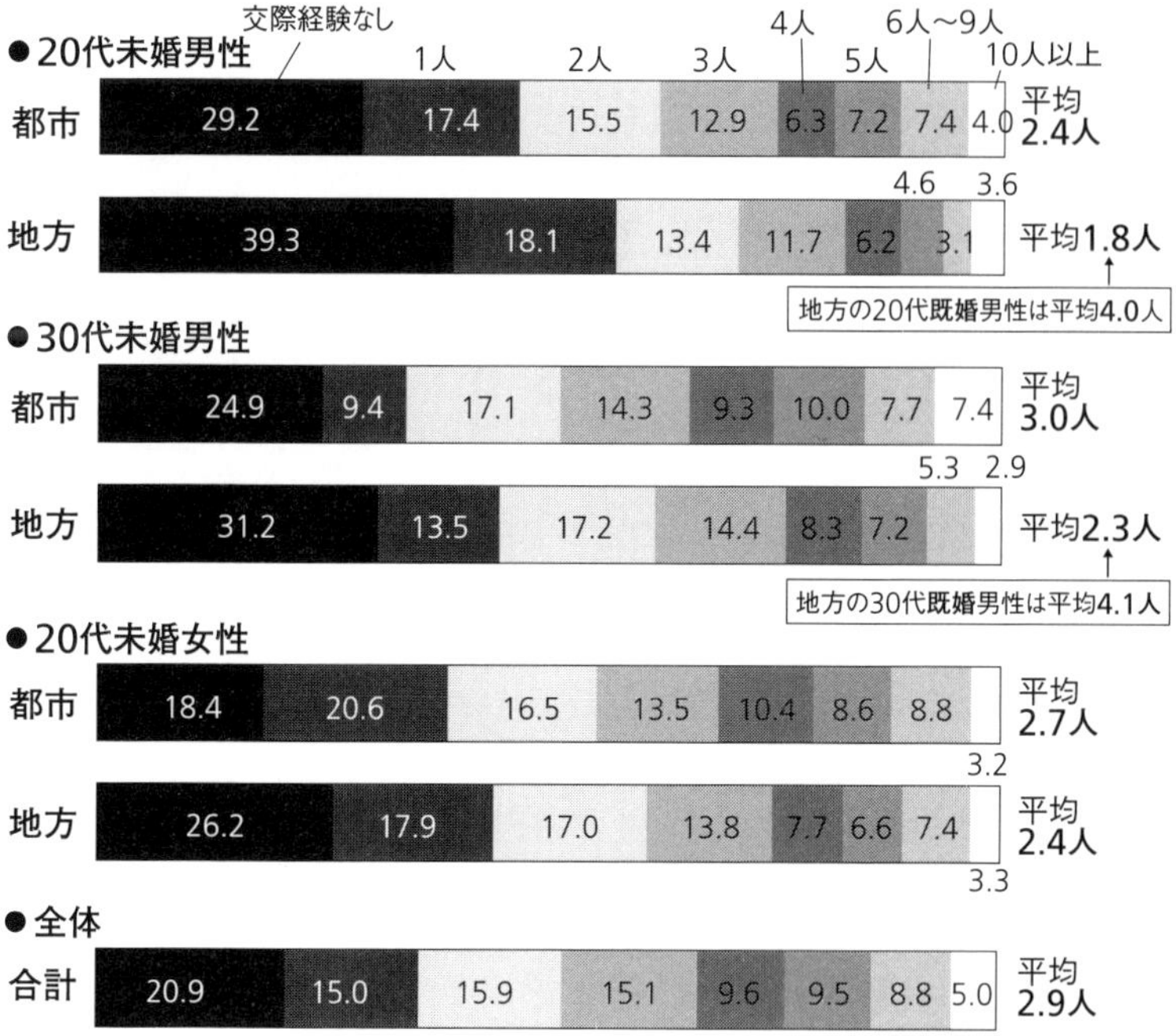

人口30万人以上の都市部に住む人の居住地を「都市」、30万人以下の市町村に住む人の居住地を「地方」としている。20代男性「交際経験なし」は、都市で3割、地方で4割など、「出会い格差」が示唆される結果となっている。（水無田）

資料）内閣府「結婚・家族形成に関する調査」（2011年）
注）現在の恋人、配偶者を含む。「6人～9人」は「6人」、「7人」、「8人」および「9人」の合計。平均値の算出に際し、「交際経験なし」は0人、「10人以上」は10人として計算。「全体」には、ここで省いた「20代既婚男性・都市」「同・地方」「30代既婚男性・都市」「同・地方」「20代既婚女性・都市」「同・地方」「30代既婚女性・都市」「同・地方」「30代未婚女性・都市」「同・地方」の数値も含まれる。

千田　そうそう。分不相応の人と結婚したらやっぱり大変ですよね。

そして、「スーパーでバイト」している子たちの中には、起業志向の子もいる感じがしますね。何をやりたいかというと、ネイル屋さんとかエステとか、雑貨屋さんを身内で起業したいとか、そういう感じですね。バリバリ儲けたいとは思っていないんですが、小さいお店とかを持ちたい。それこそ今はネットショップもあるわけですし、つけまつげとかネイルとか、アクセサリーを販売するとか、そういう身の丈に合ったところで食べていけるかも、みたいな志向の子もいるんですよね。

西森　私が最初に東京に来て派遣で働いたときの同僚も、美容系で独立するからと言って辞めていきましたね。その子は見た目もイケイケな感じで、特に恋愛に対しての意識が高い、ちょっと上昇志向のある子だとは思いました。

水無田　女子で上昇志向が強いというと、確かにバリバリ仕事で成功していこうというだけではなくて、むしろそっちの女子出世的な志向性が強い人が多数派かもしれません。

古市　例えば、ギャルメイクの歯科衛生士とかですか？

西森　歯科衛生士とはどういう発想ですか？

古市　そんなに勉強を頑張らないで、専門学校とか卒業して働き始めたら、職場には自分よりも階層の高い歯科医師がたくさんいたりする。歯学部は私学だと学費が年間数百万円ぐらいはしますよね。だから、**上昇婚**[23]を狙っていて、しかも勉強をしたくない場合は、歯科衛生士がいいのではないですか？

西森　歯科医師と歯科衛生士は実際に結婚しているんですか？

古市　それはよくわかりませんが、歯科医師と結婚できなくても、歯科衛生士は合コンとかでイメージもいいですよね。その立場を獲得するための投資に比べて、リターンが大きいと思います。

千田　でも歯科医師になるには初期投資も必要だし、今は**ワーキング・プア**[24]も多いですよね。

それよりも薬剤師ですよ。病院に入って医師をつかまえるために薬剤師になるというコースです。

古市　でも、薬剤師になるまで頑張るのだったら、もうちょっと頑張って医師になればいいじゃないですか。

千田　自分が？

古市　自分が、です。薬剤師の資格を取るのに六年かかりますよね。だったら、もうちょっと頑張って医師になったほうが……。

千田　いやいや、そうはならないんですよ。医師なんていう激務に自分が就いて男並みに働くという夢や野望を、〝普通〟の女子高校生は持たないですよ。

23 上昇婚
学歴や財産、身分などの、いわゆる「階層」（前出）が上の相手と結婚すること。女性が上の階層の男性と結婚する場合が「玉の輿婚」。

24 ワーキング・プア
正社員なのに、あるいは正社員並みに働いているのに、生活保護水準以下の「働く貧困層」のこと。

一方で、薬剤師は女性的でありながら、看護師よりも地位は高い。以前は「名義貸し」もできましたしね。

西森　今、男性のほうも、自分の持っている資産を結婚によって減らしたくないですよね。だから、結婚によって、階層が下がることも望んでいない気がします。

古市　わかる、わかる！

西森　古市さんは、そんな階層の違う人と結婚する気は全くないでしょう？　古市さんと結婚する人は、古市さんと同じぐらいの年収がないとやっていけないだろうなと思っているのですが……。

古市　いや、逆に僕より上がいいです。

水無田　サラッと言っちゃいましたね(笑)。

西森　そういう男性も多くなっていると思いますね。

古市　結婚によって階層上昇を図りたい！

水無田　出ました、この宣言。

男女逆転時代

千田　女性のほうが年収が多いという「専業主夫カップル」に関する研究発表（八木孝憲さ

ん）を聞いたことがありますが、顕著に二つのパターンがあることに気づいたんです。一つ目は、もともと〝逆転〟するつもりはなくて、自分（男性）が稼ぎ手になろうと思って結婚したのに、リストラなどによって妻に養われることになった専業主夫。彼らは、どちらかというと卑屈なんですよ。〝男らしさの規範〟みたいなものがあるから、「こんなはずじゃなかった」とか「まわりに言えない」とか思っています。

でも、もう一つのパターンは逆で、ものすごく楽しそうな男性たちなんです。本人がミュージシャンだったり大学院生だったりする場合です。

西森　自分の好きなことができている人たちですね。

千田　そうです。相手の女性は社長とかキャリア官僚とかで、ガッツリ稼いでいて、年の差もあって、「俺、彼女のおかげで好きなことさせてもらって、幸せっす」みたいな（笑）。

水無田　私は**ポスドク**[25]のたまり場みたいな専門学校で一〇年ぐらいアルバイトをしていたのですが、学生と結婚した人が一人いた以外は、男性講師全員が年上女房をもらっていました。相手の女性は、高校の教員とか新聞記者とか、大学の専任講師とか、要するに自分より年収が高い専門職ばかり。ガンガン稼いでいる女房をつかまえて、自分は研究に打ち込んで、まさに「幸せっす」でしたね……。

千田　でも私の統計によると、その人が職を得ると、高校教師の妻を捨てて、若い大学生と再婚してしまうんですよ。それは、かなりの確率で

25 ポスドク
「ポストドクター」の略で、博士号を取得したが、常勤の研究職には就いていない若手研究者のこと。

若い女に行くという……（笑）。今までの〝糟糠《そうこう》の妻[26]〟はどこに行ったんだ？　ということですけどね。私の独自の調査です（笑）。

西森　私も長年週刊誌を読んできた下世話なデータで考えると、芸能人やお笑い芸人が売れていないときに結婚すると、千田さんのデータと同じように糟糠の妻と別れて若い妻を娶《めと》るんですが、売れるまで待って結婚した人は離婚しないんですよね。

千田　それはそうですよね。結婚は自分のイメージに合った人を選ぶということですから。今まで支えてくれた人は、〝売れない芸人〟に合うということだから、きっと「俺はこれで終わる人間じゃない」みたいなことを思うんですよね。ひどいですね（笑）。

西森　先ほども、旧来の結婚観を女子に捨てさせるのがすごく大変、という話が出ましたけれど、古市さんの本とかを読めば、「今ってこうなっているんだ」というのがすごくわかりますよ。私もまだ、昔の〝旧型の社会であるべき〟というような思想が残っていましたから……。

千田　ちょうど挟間ですね。

西森　そうですね。だから、かなり前までは、若い男性の価値観が変わってきているということを受け入れられなかったんです。

古市　でも、実際男性側の「男は外で働いて、女は家で」みたいな価値観の若者の増加が最近も話題になっていましたよね。特に二〇代男性に関しては五五・七パーセント。三年前の調査よりもだいぶ増えています（**資料10**）。

千田　とはいえ、国立社会保障・人口問題研究所の調査（**資料11**）を見ると、「専業主婦を望む」という層が雪崩《なだれ》を打つように減っていて、「妻に稼いでもらいたい」みたいな打算が見えませんか？

西森　あるアンケートでは、相手に「自分と同程度」の年収を希望する男性が多くて、「自分より多い」がその次で、「自分より少ない」が三番目でしたね。

水無田　でも、ここ数年私が授業内で取っている学生の意識調査を見ると、確かに共働き志向ではあるのですが、男子学生は、「働きたいのなら働くのを許可してあげてもいい」とか、「好きな仕事なら、続けさせてあげてもいい」といったような、〝上から目線〟なんですよね。若年男性の昇給ベースがこれからどんどん鈍化していくことを考えると、「働くのを許可してやってもいい」どころの騒ぎではなくなっていくことは必至なんですけれど……。そこのところの「**上から目線の平等志向**[27]」は、感覚の問題として根強いのでしょうか。

西森　男女平等というか、女子化したがっている男子が多いのではないでしょうか。女子だけ定時に帰れる状況とかをすごく意識しているとい

26 糟糠の妻
貧しいころから苦労をともにしてきた妻。ちなみに「糟糠」とは酒かすや米ぬかのこと。

27 上から目線の平等志向
水無田の造語。『無頼化する女たち』（洋泉社新書y）で述べた「後ろ向きの男女平等」の類語。「男の沽券」最後の砦とも目される。近年、産業構成比の変化や若年層を中心とした総体的賃金低下傾向による「男性の地位低下」のため、女性の地位は相対的に向上している（「後ろ向きの男女平等」達成）。家計の必要に迫られ、夫婦間では共働き世帯が多数派となり、実質的に妻の稼ぎがないと家計破綻リスクは高い。だがそれにもかかわらず、男性の心情的には、今なお「女性の就労は夫の許可が必要」との意識が根強いことを意味する。たぶん、将来的には「働くことを許可してあげてもいい」などと言っていられる余裕ある夫は少数派になるのになあ……などと心配している。（水無田）

［資料 10］

「夫は外で働き、妻は家庭を守るべきである」という考え方について（その2）

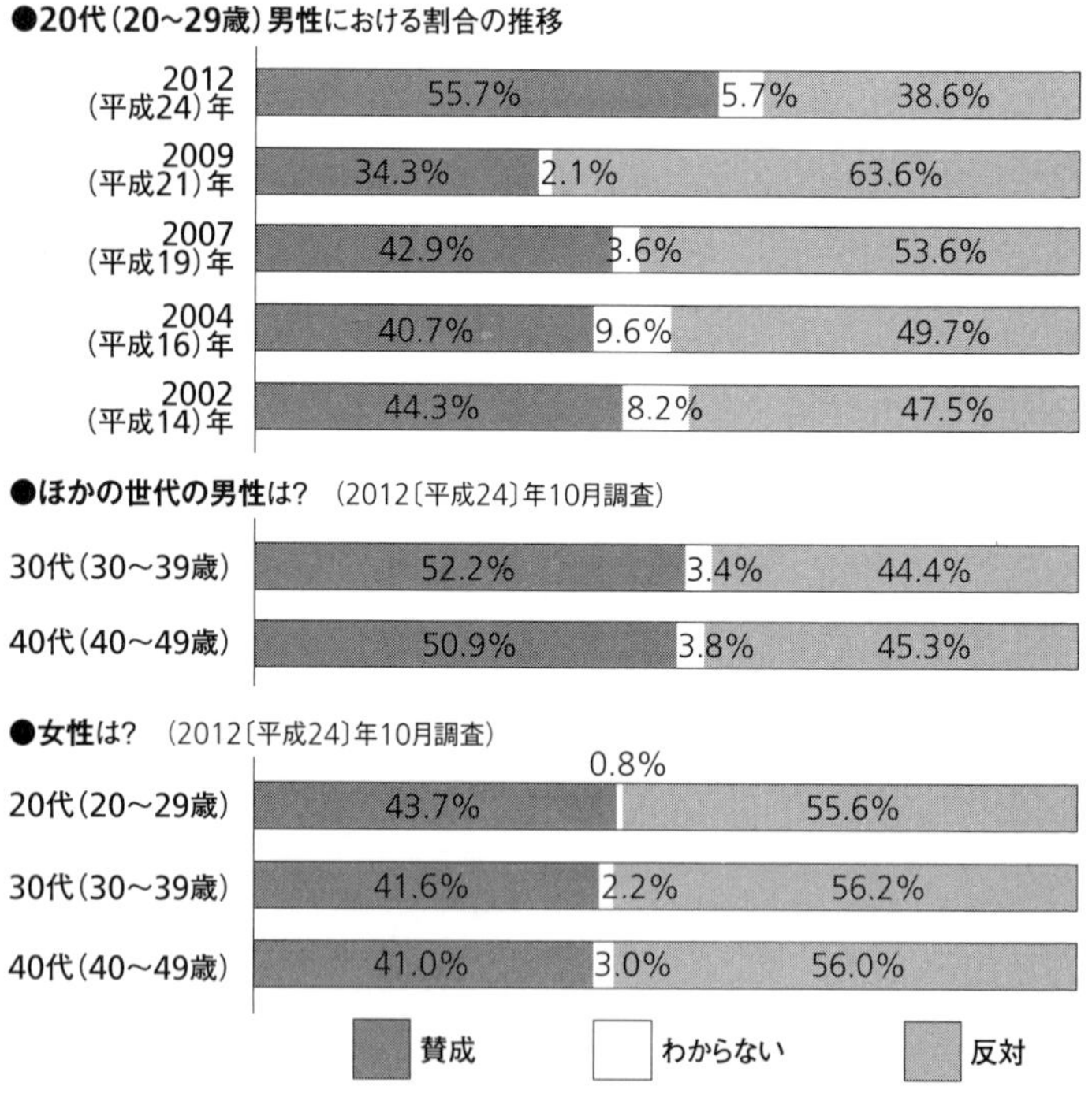

僕の妹の結婚相手も「妻には家庭を守ってほしい」みたいなことを言っていたが、自分では夢を追うために仕事を辞めたりしている。このような世論調査には、少なからぬ願望やロマンが含まれていることにも注意したい。（古市）

資料）内閣府「男女共同参画社会に関する世論調査」（2012年）
注）「賛成」は「賛成」＋「どちらかといえば賛成」、「反対」は「反対」＋「どちらかといえば反対」。p.14「その1」も参照。割合は四捨五入したため、合計が100％にならない場合がある。

［資料 11］

求めるライフコース

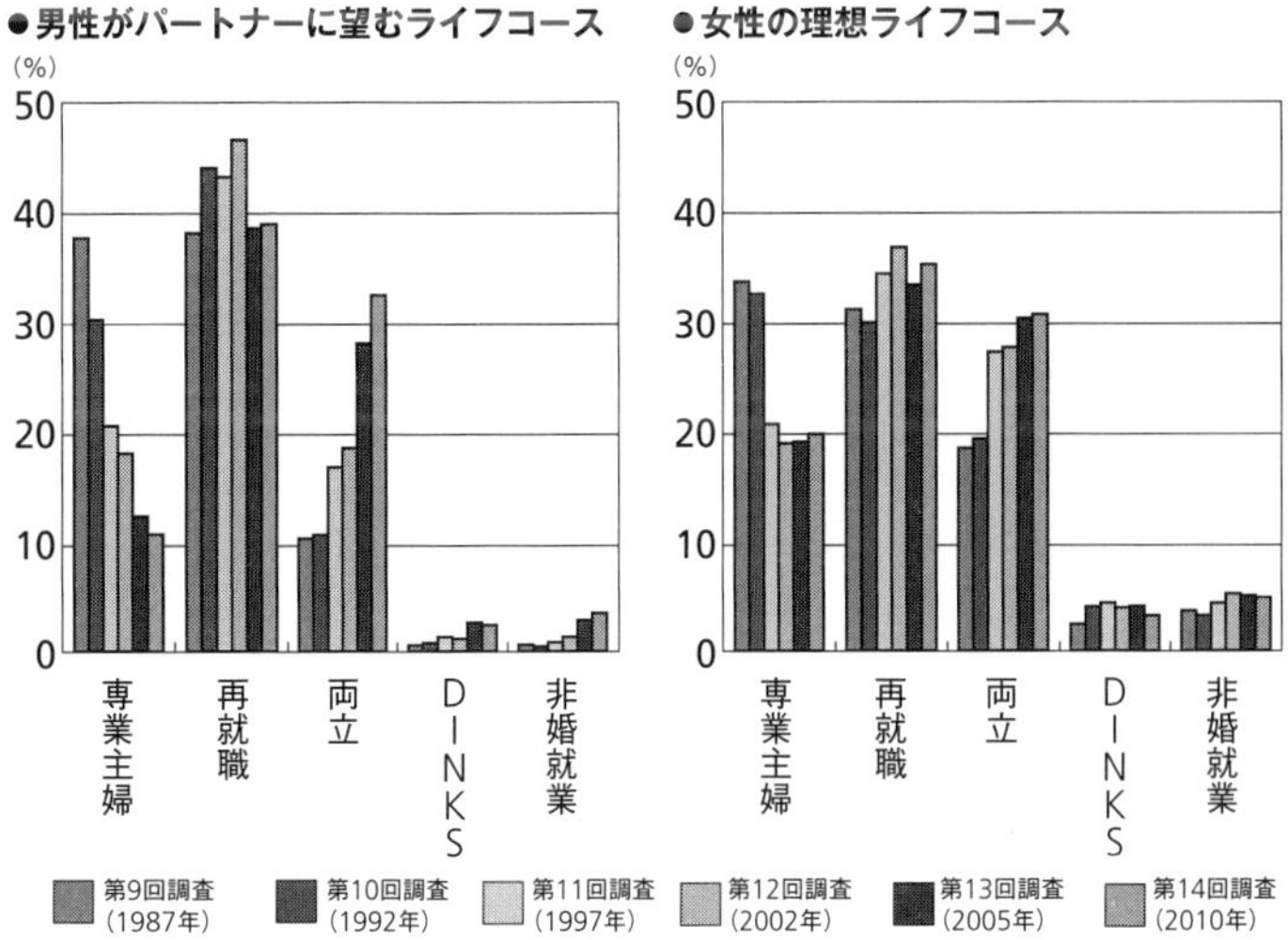

〔ライフコースの説明〕
専業主婦コース＝結婚し子どもを持ち、結婚あるいは出産の機会に退職し、その後は仕事を持たない
再就職コース＝結婚し子どもを持つが、結婚あるいは出産の機会にいったん退職し、子育て後に再び仕事を持つ
両立コース＝結婚し子どもを持つが、仕事も一生続ける
DINKSコース＝結婚するが子どもは持たず、仕事を一生続ける
非婚就業コース＝結婚せず、仕事を一生続ける

男性がパートナーに専業主婦を望むケースは急激に減少して、両立コースが激増している。女性の悩みは、「両立したいのに専業主婦を望まれる」から「専業主婦になりたいのに働けと言われる」に変わりつつあるようだ。（千田）

資料）国立社会保障・人口問題研究所「第14回出生動向基本調査」（2010年）
注）各ライフコースを選択した割合。対象は「18〜34歳未婚者」。「その他・不詳」の割合は省く。

うか、「女子並み」に働きたいということですよね。

古市　今は一般職になりたい男の子たちもいますよね。

千田　学生で、実際にもういますよ。

水無田　でも、昨今では一般職女性自体の採用も減って、どんどん派遣社員にすげ替えられていっています（**資料12**）。かつてよりずっと「狭き門」なのではないでしょうか。確かに**産休や育休**[28]などの制度を、額面上フル活用できて身分も保障されているので、「**寿退社**[29]」慣行が弛緩したら、結婚してもある程度年齢を重ねても、容易には辞めない人が増加しているとも聞きます。

千田　だから、総合職と一般職とどっちが得かということを現実的に考えると、実際の答えは難しいですよね。

　私の世代で総合職になった人は結構辞めているのですが、働き続けたかったのに辞める人だけではなくて、初めから〝**腰掛け**[30]〟のつもりで入った人がいたのは面白かったですね。例えばテレビ局で三、四年ガンガン働いて、「わー、楽しかった。いい思い出ができたわ」というところで、取材先の人に気に入られて、息子を紹介されて、結婚して退職する、という人もいました。

28 産休や育休
産休（産前産後休暇）は、「出産予定日の六週間前（多胎妊娠では一四週間前）から産後八週間まで妊産婦を働かせてはいけない」と労働基準法の定めがある。育休（育児休業）は、法律で定められた要件を満たす被雇用者が「子が一歳に達するまで（保育所に入れないなどの事情があれば一歳六か月まで）」取得できる。ただし、上乗せ規定などを設けているところがあるので、事業所（勤務先）によって制度内容にばらつきもある。

29 寿退社
結婚を機に退社することで、主に女性の場合をいう。かつては民間企業の多くで寿退社の慣例があり、入社時に誓約書を書かせるケースもあったという。

［資料 12］

雇用形態別構成比の推移（女性）

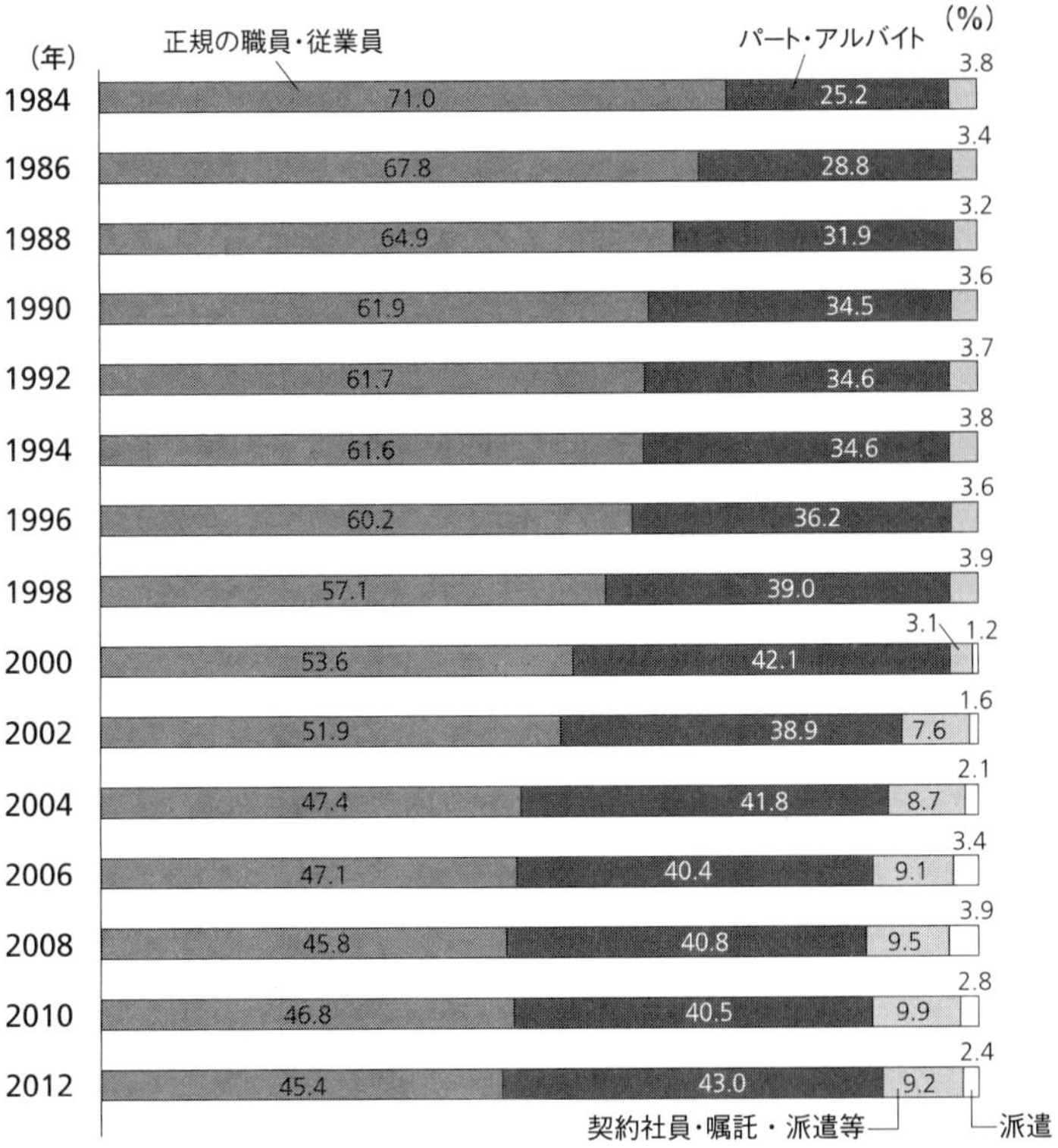

女性の従業員に占める非正規雇用比率は1980年代半ばには3割程度であったものが、2000年代には過半数となり、現在も増加し続けている。（水無田）

資料）総務省「労働力調査特別調査」（2001年まで）、「労働力調査（詳細集計）」（2002年以降）

注）「派遣社員」が単独の集計項目となったのは2000年以降。

どうせ少しの間だから、忙しくても楽しくてエキサイティングに仕事をしたいという女の子は、東大とかにもいるわけですよ。その一方で、やっぱり見ていて思うのですが、総合職で太く長く働き続けている人は、気力・体力ともにすごい人たちなわけです……私は、そういう人たちが好きですけどね。でもそうすると、そこそこでいいから一般職でずっと働き続けるというのは、悪い働き方じゃない。

大手の某商社では「社内結婚して退職する」という慣行があった。だから従来は女性をお嫁さん候補として採用していたのですが、社内結婚でなかったら辞めなくてもいいのだそうです。社内結婚しなければ高い給料をもらい続けられる。そうすると、皆が社内結婚をしなくなって、〝高給一般職〟という人たちがたくさんいたのだとか。だから一時景気の悪いときには、一般職は採用できなかったという……。

水無田　短期間で辞めてくれるサイクルであるからこそ可能だった制度が、建前と実態の乖離《かいり》というんでしょうか、建前をそのままちゃっかり利用する人たちが増えてきていると思うんです。総合職じゃなくて最初から一般職狙いとか……。

私は大学のキャリア支援の経験が結構長くて、女子の就職、特に公務員試験にはちょっと詳しいのですが、例えば**国Ⅰと国Ⅱ**[31]の両方を受かっても、あえて国Ⅰを蹴って国Ⅱに行く女子の多いこと！　いい大学を出ていて、留学もして、資格もいろいろ取ったうえで公務員試験の勉強もやって、それだけコストをかけて国Ⅰ・国Ⅱ両方受かったら、普通男子だったらどう考えても国Ⅰでキャリア官僚への道を選択するんですが、あっさり国Ⅱを選ぶわけです。

千田　働きやすいからでしょうか。

水無田　はい。産休・育休も取りやすいですしね。国Ⅰを選んで本当に責任ある職に就いてしまうと、やっぱり女子は働き続けられないので、賢く選択しているんです。総合的に見て、この人はなんと女子力が高いのだろうと思いますね。

千田　そういうことがわかる人は女子力が高い人ですよね。低い人は東大で博士号とか取って、生きづらくなるんですよ。私のことですけど（笑）。

〝玉の輿〟にはもう乗れない!?

西森　女子は能力が低いほうが幸せになれると思っている人もいると思うんですよ。旧来型の考え方としてですが……。

水無田　女子の社会的地位が高くなりすぎてしまうと、能力の種類にもよりますけれど、恋愛・結婚市場では弱者になってしまうんですね。

30 腰掛け
一時的にその地位や職業に就くこと。「腰掛けOL」などの言葉もあったように、初めから仕事を続けるつもりはなく、結婚・出産などで辞めることを前提にした女性の働き方を指す。

31 国Ⅰと国Ⅱ
国Ⅰとは「国家公務員試験Ⅰ種試験」、国Ⅱは「国家公務員試験Ⅱ種試験」の略語。国Ⅰは省庁の幹部候補生を採用するための試験で、合格者は一般に「キャリア」と呼ばれる。国Ⅱは省庁の出先機関（地方）などの中堅幹部候補を採用する試験。現在は試験制度が変更になり、国Ⅰが「国家公務員総合職試験（大卒程度試験）」、国Ⅱが「国家公務員一般職試験（大卒程度試験）」となっている。

西森　そう思い込んできたのですが、古市さんのような人が出てきているということは、もしかしたらそうとも言い切れないのかもしれません。

水無田　古市さんのような人が出てきたのは希望なんでしょうか。

西森　私は希望だと思いますよ。

古市　女性がどんどんキャリアアップのために頑張っても、ちゃんと相手となる男性がいるのかという問題ですね。

西森　そうそう。

古市　昔、お金持ちの中高年男性が若い女の子と結婚するということがあったように、お金を持っている年上女性が若い男の子と結婚するということが、当たり前になってもいいと思います。

西森　でも、昔だったら〝**沽券《こけん》にかかわる**[32]〟というような感じで、成立するのが難しかったですよね。

『きみはペット』[33]という漫画がありますが、女性が男性をペットのように飼うというような内容が、最近の日本では比較的自然に受け入れられるようになってきているけれど、例えば韓国だったら「男子が犬とはなんたることか！」みたいな論争が起こっていたんですね。でも、そういう価値観があるからこそ、後ろ向きじゃない男女平等に向かうところもありますし、未婚の間は**エスコート文化**[34]が成り立っているという部分もあるわけなんですが……。

水無田　日本は、元からエスコート文化、カップル文化が成り立っていませんよね。私は以前から「後ろ向きの男女平等」と言っているのですが、女性の地位が上がったというよりは、男性の地位が相対的に下がっていると言ったほうがいいのではないでしょうか。

一九七〇年代ぐらいまでは、女性はとにかく一生働ける職は限られていたため、結婚して主婦になることが生存の必要最低事項でした。おのずと男性に選ばれるための価値を磨くことが、人生の最大関心事にもなっていたでしょう。しかもこの時期、男性の雇用環境は比較的安定していたため、極端な話、働いている男性ならば、ある程度選り好みしなければ、誰と結婚してもそれほど違いはなかった。女性も専業主婦になるため、夫との生活スタイルをすり合わせする必要もなく、人生の選択肢も少なく、かつ結婚への期待値も低く、相対的に男性は「男性である」というだけで、女性にとっては価値ある相手でした。

ところが、これらが経済社会構造の変化によって解体してきます。一九八〇年代後半以降、結婚も自由恋愛市場化が進行し、結婚相手選択の「自己責任」意識も高くなってきました。このため、結婚への期待値は高まり、いきおいハードルも高くなっています。確実なのは、「とに

32 沽券にかかわる
沽券とは本来、土地や家の売買契約書のこと。それが、江戸時代ごろから「売値」、さらに「人の品格」、「面目」などの意味にも使われるようになった。

33『きみはペット』
小川彌生作の漫画。二〇〇〇〜〇五年、『Kiss』（講談社）で連載。才色兼備の有能なキャリア女性が、年下のダンサー男性を〝ペット〟とし同居生活をするラブ・コメディ。韓国では、チャン・グンソクが主演で映画化されたが「男性がペットとはけしからん」という事情で上映中止の申請が行われた（棄却）。

34 エスコート文化
男性が女性に付き添うこと。

かく結婚・とりあえず結婚」志向から「確実に幸せになれる結婚」志向へと意識が変わってきているということです。

もう一点、結婚圧力低下に拍車をかけたのは、日本社会の「カップル文化不在」です。日本は、公的な社交場では男女一対でソーシャルダンスを踊るのではなく、村の中で集団で盆踊りという〝盆踊り文化〟ですから(笑)。例えばバブル期には、クリスマスになると、若いカップルは身の丈に合わない、無理なクリスマスデート消費とかをやったりしましたね。あのころは、ホテルのチェックイン・タイムに、片手にケーキ、片手に花束を持った男性たちが一列に並び、高級レストランでは、デザートの時間にみんなが同じ**ティファニーのオープンハート**[35]を出すという「儀式」が見られたそうですが……(笑)。カップル文化が根付いていなかったので、消費の型に入るしかなかったわけですね。

千田 みんな『**ホットドッグ・プレス**』[36](講談社)とかを読んでいたからね(笑)。

水無田 古市さんは、そういうのをどう思いますか?

古市 楽しそうでいいですね。

西森 すごい他人事ですよ(笑)。

古市 バブル期のクリスマスのカップルの過ごし方って、今から見ると

35 ティファニーのオープンハート
バブル期に女性へのプレゼントとして圧倒的人気を誇ったネックレス。クリスマスやホワイトデーには、これを買い求める男性たちがティファニーの店頭に群がる姿がニュースにもなった。なお、同様に人気の高かったアクセサリーに「カルティエの三連リング」がある。

どうしようもないクオリティですよね。まずくて高いフレンチを食べて、天井の低いシティホテルに泊まって……。どうしてそんなことで、みんな楽しんでいたんだろうと思うと……。

西森　かわいそう？　滑稽とか？

古市　キュンとしちゃいますね。

水無田　キュンと……なるほど（笑）。確かに、それが一つの文化的な仕掛け、デート消費の仕掛けでもって、男性たちは踊らされていたというか……、バブル・マジックなのでしょうか。

千田　でも、そのころは〝玉の輿〟があったと思うんです。それこそ、近くの銀行の窓口の女の子がかわいくて、「うちの息子の嫁にならんか」とか「好きになりました」とか……。〝顔による上昇〟というか、そういうものがあった時代だと思います。

でも今、**ＳＳＭ調査**[37]データを使った橋本健二さんの分析**（資料13）**を見ても、玉の輿はなくなっていて、同じ階層で結婚しています。

西森　それは、やっぱり資源を減らしたくないからですよね。

千田　そうそう。要するに結婚相手が専業主婦になるのであれば、正直言ってどういう人でもいいわけですよね。確かにきれいで見栄えがよい

36『ホットドッグ・プレス』
一九七九年創刊の若年男性向け情報誌（二〇〇四年休刊）。大学生が中心読者で、ファッションや恋愛マニュアルを中心にした記事で人気を博した。「『出会い』と『H』完全攻略バイブル」、「今、女のコは『キミからの告白』を待っている！」、「かわいいコ全タイプ生態調査　あのコがその気になる１００発１００中！即効（ソクキキ！）ラブテク」など、特集タイトルからして欲望全開で、今から見れば失笑ものである。ちなみに「男の部屋に行ったら『ホットドッグ・プレス』があった」というネタは、「格好をつけてるけどマニュアルを読むダサい奴」エピソードとして、女子の間での報告事項であった。（千田）

37　**ＳＳＭ調査**
「社会階層（Social Stratification）と社会移動（Social Mobility）に関する全国調査」のこと。日本における社会階層・階級研究の最も基礎的なデータで、一九五五年より一〇年おきに実施されている。

ほうがステータスは上がるのですが……。

これが、専業主婦モデルが崩れて共稼ぎになってくると、相手にも資産があって、同じぐらいか、もしくはそれ以上稼いでくれるわけで、家の戦略としては資産が減らないんです。結婚相手がきれいなほうがいいというのは、専業主婦モデルがまだあった時代の産物で、今は違うと私は思いますね。だから、玉の輿がない！

水無田　確かにそうですね。

一九九〇年代ぐらいになると、社会階層の平準化が頭打ちになってきましたし、地方から三大都市圏に人口が流入するということもだんだん頭打ちになって、ある程度〝階層の固定化〟が確立してしまいました。そうなると、個々人の階層を決定づけるものは、属している文化集団とか資産水準だけではなくなるんですよね。より細かい差異を争うようになる。例えば、同じ大学に行っていても、付属の学校から進学してきた集団の中ですでにでき上がってしまっているものがあって、大学受験で外部から入ってきた人は、そこをなかなか突破できない。

女性個人が、美貌の力でなんとか既存の階層構造を突破できたのは、バブル期までですよね。

千田　そうだと思いますよ。

座談会・2

（82ページ）に続く……。

［資料 13］

夫の所属階級による妻の世代間移動表

●1995年

（1995年SSM調査データより算出）

父親の所属階級	夫の所属階級				
	資本家階級	新中間階級	労働者階級	旧中間階級	合計
資本家階級	19 (17.9%)	60 (56.6%)	14 (13.2%)	13 (12.3%)	106 (100.0%)
新中間階級	**25 (12.6%)**	111 (56.1%)	37 (18.7%)	25 (12.6%)	198 (100.0%)
労働者階級	**26 (9.8%)**	93 (35.2%)	109 (41.3%)	36 (13.6%)	264 (100.0%)
旧中間階級	43 (8.8%)	155 (31.6%)	181 (36.9%)	112 (22.8%)	491 (100.0%)
合　計	113 (10.7%)	419 (39.6%)	341 (32.2%)	186 (17.6%)	1059 (100.0%)

●2005年

（2005年SSM調査データより算出）

父親の所属階級	夫の所属階級				
	資本家階級	新中間階級	労働者階級	旧中間階級	合計
資本家階級	9 (15.8%)	28 (49.1%)	11 (19.3%)	9 (15.8%)	57 (100.0%)
新中間階級	**13 (6.8%)**	107 (55.7%)	49 (25.5%)	23 (12.0%)	192 (100.0%)
労働者階級	**10 (3.8%)**	85 (32.1%)	129 (48.7%)	41 (15.5%)	265 (100.0%)
旧中間階級	22 (6.7%)	119 (36.2%)	127 (38.6%)	61 (18.5%)	329 (100.0%)
合　計	54 (6.4%)	339 (40.2%)	316 (37.5%)	134 (15.9%)	843 (100.0%)

〔階級の説明〕

資本家階級＝従業員規模5人以上の経営者、役員、自営業者、家族従事者。平均収入645万円。

新中間階級＝被雇用者のうち専門職、管理職および正規雇用の男性事務職。平均収入535万円。

労働者階級＝新中間階級以外の被雇用者。正規雇用の労働者階級（平均収入347万円）、アンダークラス（派遣社員、請負社員、フリーター等。平均収入151万円）が含まれる。

旧中間階級＝農林漁業や商工業に携わる自営業者。平均収入343万円。


父親の所属階級が資本家の人は、夫の所属階級が資本家である割合が相変わらず高い。それだけではなく、そもそも夫の資本家階級である割合も減少している。（千田）

資料）橋本健二『新しい階級社会 新しい階級闘争 「格差」ですまされない現実』（光文社）
注）35～54歳の女性が対象。

論考・1

恋愛と結婚はつながっているのか?
~ロマンティック・ラブ・イデオロギーを見直す

千田有紀

はじめに

結婚に発展しない恋愛は無駄であると思ったり、子どもを産むのは結婚してからと思ったりすることはないだろうか。恋愛→結婚→出産の順に、三つセットなのが常識だと思っていないだろうか。その思い込みには、実は専門的に名前がついている。「ロマンティック・ラブ・イデオロギー」というものだ。

ロマンティック・ラブ・イデオロギーとは何か。そもそも「ロマンティック・ラブ」という甘い砂糖菓子のような装いに、「イデオロギー」というカール・マルクスを想起させるような硬い単語がつけられているあたりからして、不思議な取り合わせではある。「ロマンティック・ラブ・イデオロギー」という単語を口にすることはすなわち、「ロマンティック・ラブ」なんてイデオロギーつまり幻想なんだよ、ありえないんだよ、と言っているに等しくも見えるかもしれない。

ロマンティック・ラブ・イデオロギーとは、「愛と性と結婚の三位一体」と定義されるのが普通である（例えば、歴史学者のエドワード・ショーターによる『近代家族の形成』）。個人的には「愛と性と生殖」の三位一体が、結婚という契機によって結びつけられると考えたほうがよりすっきりすると思っている（千田有紀『日本型近代家族――どこから来てどこへ行くのか』勁草書房、二〇一一年）。いずれにせよ、「一生に一度の運命の相手に出会って恋に落ち、結婚して、子どもをつくって死ぬまで添い遂げる」ことを当たり前であるとする考え方のことを、ロマンティック・ラブ・イデオロギーと呼ぶ。この考え方は、以前は全く「当たり前」ではなかった。

まず多くの人が結婚しなかった。宗教や学問に身を捧げたりする人もいたし、農家の次三男以下は結婚できないことも多かった。また遊女などもいた。みんなが結婚するということ自体が、そもそも近代以前はありえなかったのだ。いわゆる適齢期を過ぎた人なら一度は聞かれたことがあるはずの「なんで結婚しないの？」というお決まりの質問は、むしろ皆が結婚することになったからこそ、出てきているのである。

近代以前の結婚

近代以前の結婚は、まずもって政治であった。『源氏物語』などの平安文学に描かれる貴族の色恋を見ていると、呑気なものだと思うかもしれない。しかしまさに娘を天皇に嫁がせ、未来の天皇を産ませることによって権力を握ろうとするという「性事」は、「政治」そのものだった。

江戸の幕藩体制においても、士農工商の身分制度の壁を越えて自由に結婚することはできなかった。武士の結婚には藩や幕府の許可が必要だったのである。農民同士でさえも、本百姓と小作人という身分を越えることは難しく、共同体による規制が存在した。ヨーロッパなども同様で、例えばフランスでは「シャリバリ」と呼ばれる儀式があり、かなり年齢の離れたカップルの結婚や姦通など共同体の規範に反していると思われる行動に対して、皆で騒ぎ立てて罰を加えたという。結婚や性は、「公」にかかわる事柄であり、プライベートな領域のことであるとは考えられていなかった。

また近代以前の結婚は、経済でもあった。豊かな階層では、自分たちの財産を受け継がせるために対等な家同士の間で結ばれるものが婚姻であり、端的に言えば、愛とか恋とかそんなことはどうでもよかったのである。

ところがこういう状態に変化が訪れる。ショーターのいうロマンス革命である。ショーターは、男女関係が実利中心のものから感情中心のものへと変化して、貧しい階層から性解放が起こり、ブルジョワ層に広がっていったという（この広がり方には諸説あり、むしろ逆だという論者もいる。わたしも逆であると思っている）。

「恋愛」の誕生

日本にはそもそも、ロマンティック・ラブ、恋愛は存在していなかった。ＬＯＶＥに対応する日本語が存在しておらず、明治になってつくられた多くの翻訳語――「哲学」や「人格」、「社会」や「家族」といった学問に関する、また人と人との関係に関する用語――と同じように、「恋愛」という概念がつくり出されたのだ。

それまであったのは、「いろ」（好色）である。江戸時代、遊郭という一般の社会秩序から放逐された特別の空間において、客と遊女という関係性の間においてのみ成立した虚構の作法こそが、「いろ」であった。「いろ」を極め、虚構の世界をうまく演出することが、「野暮」の対極の「いき」となる。

哲学者の九鬼周造は『「いき」の構造』において、日本の独自の生き方を、「いき」に見出した。「いき」の構造は「媚態」と「意気地」と「諦め」との三契機からなっている。「諦め」とは、「運命に対する知見に基づいて執着を離脱した無関心」であり、「いき」を

「垢抜《あかぬけ》」に導くものである。「『諦め』したがって『無関心』は、世智辛い、つれない浮世の洗練を経てすっきりと垢抜した心、現実に対する独断的な執着を離れた瀟洒として未練のない恬淡《てんたん》無碍《むげ》の心である。『野暮は揉まれて粋となる』というのはこの謂《いい》にほかならない」(『「いき」の構造』)。

洗練されてすっきりと垢ぬけた心。執着を離れて洒落ていて未練もなくあっさりとした心。「101回目のプロポーズ」(とても古いが、絶好調だったバブルがはじけたあとの一九九一年のドラマ)で、冴えない主人公の武田鉄矢が、しつこく求愛し続け、最後にはダンプカーの前に飛び出して「僕は死にましぇ~ん」と叫んで、とうとうマドンナである浅野温子の心を射止めるといった恋愛とは対極にあるものである。

明治時代に入って「恋愛」という概念を、つくり出して広めたのは、作家の北村透谷である。彼は「厭世詩家と女性」(一八九二年)において、「恋愛は人世の秘鑰《ひやく》なり、恋愛ありて後人世あり、恋愛を抽《ぬ》き去りたらむには人世何の色味かあらむ」と言う。恋愛は人生の秘密の鍵であり、恋愛があって初めて人が存在する。恋愛がなければ人生はなんと味気ないものになってしまうのだろうか、と言うのである。「恋愛は一たび我を犠牲にすると同時に我れなる『己れ』を写し出す明鏡なり。男女相愛して後始めて社界の真相を知る」。恋愛は自己犠牲であり、と同時に、わたしという「自己」を写し出す曇りのない鏡である。そして男女がお互いに愛し合って初めて、社会の真実というものを知ることができるのだ、つまり恋愛を通じて「人生」や「社会」の真実や秘密に到達することができるのだと。なにやら明治時代に新しくできたロマンティック・ラブって、素敵なもののように見える。

ロマンティック・ラブと近代家族

ところがこの素敵な恋愛、ロマンティック・ラブには落とし穴がある。それは結婚である。北村透谷はこうも言っている。「風流家の語を以て之を一言すれば婚姻は人を俗化し了する者なり」。「怪しきかな、恋愛の厭世家を眩《げん》せしむるの容易なるが如くに、婚姻は厭世家を失望せしむる事甚だ容易なり」。結婚とは人を俗っぽい者にしてしまう。恋愛が魅惑的であるのと同じように、結婚が失望をもたらしてしまう。

そして、「嗚呼不幸なるは女性かな、厭世詩家の前に優美高妙を代表すると同時に、醜《しゅう》穢《わい》なる俗界の通弁となりて其嘲《ちょう》罵《ば》する所となり、其冷遇する所となり、終生涙を飲んで、寝《い》ねての夢、覚めての夢に、郎を思ひ郎を恨んで、遂に其愁殺するところとなるぞうたてけれ、うたてけれ」。恋愛時代に「優美高妙」であった女性が、結婚によって「醜穢なる俗界の通弁」にまで落ちてしまう。そして恨みがましくなる女のありようが、鬱陶しいとまで言う北村透谷（しかも二回も）。ちょっと酷い。

しかし考えてみると、これは不思議なことでもなんでもない。そもそも、ロマンティック・ラブが結婚と結びつくことのほうが変なのだ。恋愛の起源はそもそも「不倫」であり、若い騎士から既婚の貴婦人への思慕であったといわれている。『愛について』でドニ・ド・ルージュモンは、恋愛の起源はこの「宮廷風恋愛」にあり、そもそも結婚を否定するものであったと言い切っている。この恋愛は、結婚や相続によって財産を得たりする「封建制度の慣習」への反動であるという。「結婚と恋愛とは別さ」とうそぶく現在の既婚者は、そもそもの恋愛の起源的な意味では「正しい」、ということすらできるかもしれない。

そんな馬鹿なと思うかもしれない。しかし現在のロマンティック・ラブ・イデオロギーは、二つの矛盾した要素を強引にくっつけたものである。それは恋愛という新しく誕生した「感情」と、私有財産を確実に自分の子どもに継がせるという、いっけん「封建的」にも見える（近代的な）家父長制的な所有制度である。

ロマンス革命のあと、母子関係が規範化（こうあるべき、こうあってはいけない、という基準ではかられるもの）されるようになった。近代以前には、子どもは労働力であると考えられ、多くの子どもが小さいうちには母親ではなく乳母の手で育て上げられていた。高貴な女性は犬や牛などの動物のように授乳したりはしなかった。しつけは主に、男児は父親が、女児は母親によって受けもたれた（広い意味では共同体の中にあった）。また子どもはなんら特別なものではなく、単に「小さな大人」であると考えられていた。

しかし次第に、子どもは無垢で愛らしく、子育て自体に価値があると考えられ始める。子どもが死んだのを悲しんで泣く、という感性は、近代的な感性である（日本でも以前は「七つまでは神のうち」と言われていた）。女性が生まれながらにして母性を持つ、ましてやそれが「本能」である、などと考えられるようになったのは、実は最近のことである。

一九一〇年代（大正時代）に、平塚らいちょうと与謝野晶子（ほか数名）との間で母性保護論争が起こった。平塚らいちょうはスウェーデンの思想家エレン・ケイの「母性」という新しい考え方に傾倒して熱心に翻訳も試み、「子供の数や質は国家社会の進歩発展にその将来の運命に至大の関係あるものですから、子供を産み且つ育てるといふ母の仕事は、既に個人的な仕事ではなく、社会的な、国家的な仕事なのです」（「母性保護問題に就いて再び与謝野晶子氏に寄す」）と言う。対する与謝野晶子は「男子の財力をあてにして結婚し、及び分娩する女子は、たといそれが恋愛関係の成立している男女の仲であっても、経済的には依頼主義を採って男子の奴隷となり、もしくは男子の労働の成果を侵害し盗用しつつある者だと思います」（「女子の徹底した独立」）。この論争の結果としては、「母性」という新しい考え方によって、母としての自己実現を果たしたいという平塚らいちょうのほうに、時代がやや味方したようだ。

明治になって日本にも新しい国民国家が誕生した。天皇制の装いをとってはいるものの、自分たち国民が政治的主体であり、国民としての権利を持つと同時に、お国のために死ねるという人たちが生まれた。この国民は、実際には男性だけしか指していなかった(一九二五年に誕生した「普通」選挙法の対象者は、男性だけだったし)。しかしらいちょうは、「女だって、母になることによって、未来の国民を育てるんだから、お国のために貢献しているのよ。これは女にしかできないことなんだから」と言ったのである。これはとても「新しい」考え方だったし、だからこそ女性たちも熱狂的に受け入れた。

少々ロマンティック・ラブ・イデオロギーから離れたところに来てしまったようだが、要約するとこういうことだ。ロマンティック・ラブ・イデオロギーとこの母性イデオロギー、そして家族はプライベートな場所だという家庭のイデオロギーが一緒になって、わたしたちが現在知っているような家族像＝「近代家族」ができ上がってきた。近代家族では男は仕事、女は家事という性別役割分業が成立していて、企業は家族単位で一家を養えるだけの賃金を、男性に出してきた(私立大学を出た人が都市でホワイトカラーになるという「サラリーマン」ができた大正時代に、家族賃金も誕生した。ほかに扶養にまつわる手当や控除といったさまざまな制度があって、結婚している人はそのライフスタイルによって収入が増えるようにできている)。またこの家族は、住民票などに見てもわかるように、行政の単位ともなってきた。つまり、近代的な市場や国家のシステムができるときに、近代家族も誕生し、その近代家族をつくり上げたものの一つがロマンティック・ラブ・イデオロギーなのである。

大正期に都市の中間層で成立した近代家族の規範は、着々とほかの階層や農村にも広がり、第二次世界大戦後の高度経済成長期に農村が解体し、ホワイトカラーが増加するときに実態的にも広まっていった。日本で恋愛結婚がお見合い結婚を上回ったのは、一九六〇年代のことである。

ロマンティック・ラブ・イデオロギーの変態性と揺らぎ

さて、結婚して俗っぽくなり、恨みがましくなる女が鬱陶しいといった北村透谷は、自分の言葉を裏付けるかのように、結婚生活に絶望して自殺してしまう。このこと自体が、ロマンティック・ラブ・イデオロギーの不可能性を示しているといってもよい。

よくよく考えると、ロマンティック・ラブ・イデオロギーは、変である。はっきり言えば、変態といってもよい。

そもそも愛があってセックスしたい、と思うのは理解可能である。しかしセックスするときに、必ず愛がないとダメなのか？（「そうじゃない」と頷いた人も多いのではないか）。愛があるとセックスしたくなって結婚したくなる、もしくは、結婚前提ならセックスしたくなる。——なんかちょっとばかり、打算的ではないか？　セックスと結婚って、バーターなの？　愛があってセックスすると、子どもが欲しくなる。——本当ですか？　エロスと子ども、エロスと子育て、つまり生活って、最も遠いところにあるような気がする。むしろセックスと妊娠を結びつけるほうが、ちょっと変なエロマンガっぽいような……。

かくて現代では、愛のあるセックスだけではなく、愛のないセックスも、結婚に結びつくセックスだけではなく、結婚に結びつかないセックスもＯＫとなった。この意味では、ロマンティック・ラブ・イデオロギーは崩壊したと言える。しかし、四組に一組以上が駆け込みの「できちゃった結婚」であり、結婚しないで生まれる子どもの率、婚外子出生率が二パーセント程度にとどまっているという事実からは、生殖は結婚や性や愛とまだ切り離されていないという現実が見えてくる。

最後に。北村透谷は、今でいう最強の「処女厨」（女性への処女信仰が度を越して強い人を指す、インターネットスラング）であった。

天地愛好すべき者多し、而《しか》して尤も愛好すべきは処女の純潔なるかな。もし黄金、瑠璃《るり》、真珠を尊としとせば、処女の純潔《チャスチチイ》は人界に於ける黄金、瑠璃、真珠なり。もし人生を汚濁《おじょく》穢染《おせん》の土とせば、処女の純潔は燈明の暗牢に向ふが如しと言はむ、もし世路を荊棘《けいきょく》の埋むところとせば、処女の純潔は無害無痍《むい》にして荊中に点ずる百合花とや言はむ、われ語を極めて我が愛好するものを嘉賞せんとすれども、人間の言語恐らくは此至宝を形容し尽くすこと能はざるべし。噫《ああ》人生を厭悪するも厭悪せざるも、誰か処女の純潔に遭ふて欣楽せざるものあらむ。（「処女の純潔を論ず」）

一番に愛好すべきものは処女の純潔であり、それは黄金、瑠璃、真珠、暗い牢を照らす燈明、荊《いばら》に咲く百合であるという北村透谷。「恋愛」をつくり出した北村は、実は「処女」という概念も新しくつくり出していたのである。これは偶然の一致ではない。恋愛が運命の人と生涯に一度だけすべきものであるからこそ、「処女」の価値は高かった。「処女」は、「結婚へのパスポート」だったのである。

セックスが結婚へとつながらなくなって、処女性の価値は下落した。近代家族とは女性が「処女」と結婚を交換してつくるものであった、と言ってもよい。こう考えると女性が打算的に見えるかもしれない。しかしロマンティック・ラブ・イデオロギーは男性が女性に求めるものだけではなく（規範としてのロマンティック・ラブは表向きとしては男性にも女性にも向けられていたが、実態としては主に女性に向けたものであった。「浮気は男の甲斐性」だったのだから）、女性自身の内面をも縛ってきた。よく考えれば打算であったり不合理な自己犠牲であったりするものを、ロマンティック・ラブは甘くコーティングして、女性自身をも騙してきたのである。

ロマンティック・ラブが揺らぎ、イデオロギーにすぎないのではないかと疑われ始めている現在、一部の男性が草食化し、女性が肉食化しているのは、面白い現象である。

論考・2

「憧れ」か、「リスク」か　～専業主婦という選択

石崎裕子

世界の中で日本は

二〇一二年一〇月、「ダボス会議」で知られるスイスのシンクタンク「世界経済フォーラム（ＷＥＦ）」は、二〇一二年版「男女格差報告」を発表した（『朝日新聞』二〇一二年一〇月二五日付）。前年九八位だった日本の順位はさらに後退し、調査対象国一三五か国中、一〇一位であった。トップはアイスランドで、二位以降、フィンランド、ノルウェー、スウェーデンと上位は、例年どおり、北欧諸国が占めている。ちなみに、アメリカは二二位、中国は六九位、韓国は一〇八位だった。日本の男女平等度は、いわゆる先進国や主要国の中で最低水準といっても過言ではない。

この順位は、国会議員や企業の管理職の女性割合など、「政治」「経済」「健康」「教育」の四分野一四項目の男女間の格差を評価して出される。日本は、「健康」の分野では三四位と比較的良好である。しかし、識字率や義務教育への就学率では男女差がなくても、大

学教育となると依然として進学率に男女差があることなどから「教育」の分野は八一位、また、女性議員の割合の少なさなどから「政治」の分野は一一〇位である。特に、これまで女性首相が一人もいないため、過去五〇年間が分析対象となる「国のトップが女性」の項目は、最下位である。「経済」の分野でも、女性管理職の少なさなどから一〇二位であった。一〇一位という総合順位、しかも二年連続の順位低下は、特に「政治」や「経済」の領域を中心に、女性の社会参画が一向に進んでいない日本の状況を物語る。

国も「社会のあらゆる分野において、二〇二〇年までに指導的地位に女性が占める割合を少なくとも三〇％程度となるよう期待する」という目標（二〇〇三年六月　男女共同参画推進本部決定、「二〇二〇年三〇％」の目標）を掲げている。この目標の達成に向け、第三次男女共同参画基本計画（二〇一〇年一二月　閣議決定）では、政治・行政、民間企業、教育・研究など幅広い分野における女性の参画について、数値目標を設定している。これらの分野において指導的地位に立つ女性の割合は、緩やかに増加しつつあるが、まだまだ低い水準であり、「二〇二〇年三〇％」の目標には遠く及ばないものがほとんどである。

男女共同参画社会の実現に向けて、女性の活躍を推進していくことが不可欠であるという認識を社会全体で共有すると同時に、もう一つ、私たちが忘れてはならないのは、非正規雇用の増加など雇用環境の変化を背景に、女性間の格差もまた拡大しつつあるということである。女性同士の格差が広がり、仕事も私生活も、見通しの立たない状況の中で、生きづらさを抱える二〇代、三〇代の女性たちにとって、専業主婦という選択は、今どのような意味を持つのか、統計データや雑誌メディアを通して考えてみたい。

序列化される女性たち

女性のライフコースが多様化した現代日本において、「女の幸せ」の形は、今や決して一つではない。結婚か仕事かという二者択一にとらわれることなく、多様な生き方の可能性が、女性たちの目の前には広がっている。その一方で、生き方の選択肢の多様化は、女性間の格差の拡大をもたらした。容姿、学歴、職業、収入、雇用形態、未婚か既婚か、さらには出身家庭の経済階層や文化的環境に至るまで、微妙な差異が絡まり合いながら、女性たちは、序列化されている。

三浦展は、『下流社会』（光文社新書、二〇〇五年）において、若者たちの消費や価値観の格差の広がりに警鐘を鳴らした。三浦は、二〇代、三〇代の女性たちについても、『上流な私？　下流な私？　いまどきの女性のココロと生活』（PHP研究所、二〇〇六年）において、「仕事もファッションも楽しむ勝ち組」と「何かと中途半端になりがちな負け組」へと二極化が進み、仕事という勝ち目の見えない競争にいたずらに走るよりも、結婚生活に精神的、経済的な安定と安心感を求める傾向が認められることを指摘する。

就職氷河期と呼ばれた二〇〇〇年ごろから、企業は女子学生の就職先として人気のあった事務職を派遣労働に切り替え始めた。終わりのない「幸せ探し」の中で、心身ともに追い詰められ、パートやアルバイト、派遣といった非正規雇用の職を転々としながら、思い描いていた将来像とは異なる生き方を余儀なくされている女性も少なくない。

それは一見安定が保障されているように思われる大卒女性に限った場合も、例外ではない。『貧困女子』と『富裕女子』―大卒シングル三〇〇人徹底アンケートで探る」（『アエラ』二〇一二年四月二日号）は、四年制大学を卒業した二五歳から三九歳までの働く一人暮らしのシングル女性を対象とした調査結果に基づく記事である。「年収二五〇万円以下」の二〇〇人と「年収五〇〇万円以上」の一〇〇人にインターネット上でアンケート調査を実施し、その比較が行われている。最初の職を退職して以来、非正規雇用の転職を重ねたり、憧れていた仕事に就けたとはいえ、待遇の悪さからアルバイトを掛け持ちしながら、ぎりぎりの収入で一人暮らしをしている大卒シングル女性たちが紹介されている。この記事によれば、アンケート対象の年収二五〇万円以下の二〇〇人のうち、正規雇用は、四三パーセントにすぎず、残りの約六割は非正規雇用である。一方、年収五〇〇万円以上の一〇〇人のうち九〇パーセントは正規雇用である。

この差が生じるきっかけとして、まず挙げられているのが、学生時代の就職活動で得た内定の数である。就職活動への熱心さには大きな差がないにもかかわらず、年収二五〇万円以下の人の場合、内定を一つも得られなかった人の割合が三三パーセントにものぼる（年収五〇〇万円以上の人では一五パーセント）。転職によって、この両者の違いはより顕著になる。年収二五〇万円以下の人は、転職回数が多い。しかも、転職によって、収入が逆に減ったという人が六四パーセントにものぼる。年収五〇〇万円以上の人の七四パーセントが、転職によって収入が増えているのと対照的である。転職が、収入の増加を伴うキャリアアップにつながっていないことが読み取れる。病気やけがで仕事を辞めたり、休職したりした経験のある人の割合も二三パーセントと年収二五〇万円以下の人のほうが高い。こうした結果からは、仕事上のストレスが心身の不調を引き起こし、退職、転職を繰り返すという負のスパイラルに陥る女性たちの姿が浮かび上がってくる。

さらに、「自分を貧困層だと思う？」という問いに対し、年収二五〇万円以下の人の二四パーセントが「思う」と回答し、「どちらかといえば思う」（三九パーセント）を加えれば、約六割が、自分が貧困層であると意識している。大卒という学歴を手に入れた女性たちの中にですら、貧困線ぎりぎりの生活を送り、精神的にも生きづらさを感じている人たちがいる。そして、この状況から脱出する最も現実的な方法として、転職やスキルアップと並び、約二割が結婚を挙げている。女性が生涯にわたって、働き続けることができ、安定した経済的基盤を整えて一人で生きていくことは、いまだに難しいのである。女性の経済的自立の難しさは、年金収入の少なさなどから高齢期の貧困リスクにもつながる。厳しい現実の中で、現状の生活から抜け出す手段の一つとして、女性たちが、結婚という選択に活路を見出したとしても、無理はない。

統計に表れた専業主婦志向

こうした女性をめぐる状況は、公的な統計の上にも表れている。

二〇一〇年六月に公表された国立社会保障・人口問題研究所の「第四回家庭動向調査」（二〇〇八年に実施）によると、「夫は外で働き、妻は主婦業に専念すべきだ」と考える既婚女性の割合は、四五・〇パーセントと半数近い結果となった。これまでの減少傾向から一転して増加し、前回調査（二〇〇三年）より三・九ポイント上昇している。

この質問に対する回答の特徴は、若い世代の上昇が大きかったことである。特に、二九歳以下は、前回より一二・二パーセントも上昇し、四七・九パーセントであった。このほか三〇代も七・六ポイント上昇の四一・七パーセント、四〇代も六・六ポイント上昇の三九・八パーセントであった。一方、五〇代は二・五ポイント低下の四二・三パーセント、六〇代も四ポイント低下の五七・二パーセントと低下傾向が続いたままであった。就業形態別の賛成割合は、専業主婦五五・三パーセント、自営・家族従業四三・五パーセント、パート三九・六パーセント、常勤三三・三パーセントの順である。常勤一一・六ポイント、パート七・八ポイント上昇と、常勤とパートが、前回よりも大きく上昇している点も特徴的である。

母親の役割に関する「子どもが三歳くらいまでは、母親は仕事を持たずに育児に専念したほうがよい」の賛成割合も、全体で前回よりも三ポイント上昇の八五・九パーセントであった。これは、「三歳児神話」の根強さをうかがわせる結果である。世代別では、この質問に対しても、二九歳以下の増加幅が最も大きく、前回の六九・五パーセントから一二・二ポイント上昇の八一・七パーセントだった。就業形態別では、常勤の七六・九パーセントが前回より一一・五ポイント上昇で、最も増加率が高かった。

さらに、二〇一二年一二月公表の内閣府の「男女共同参画に関する世論調査」(二〇一二年に実施)においても、同様の傾向を示している(14ページ「資料1」、40ページ「資料10」参照)。この世論調査でも、「夫は外、妻は家庭」に賛成派が急増している。「夫は外で働き、妻は家庭を守るべきだ」という考え方に「賛成」「どちらかといえば賛成」と答えた「賛成派」の割合は、一九九二年の調査開始以来、初めて増加に転じた。

これらの調査結果からは、二〇代、三〇代の若い女性たちを中心に、「男は仕事、女は家庭」という性別役割分業が肯定され、専業主婦志向が高まっていることを読み取ることができる。

憧れとしての専業主婦――女性雑誌に見る専業主婦イメージ

このように、現在の日本社会において、女性が経済的に自立し、そして仕事を通して自己実現を果たすには、今もなお高いハードルが存在する。働く女性の二人に一人は、第一子の出産前後に仕事を辞めており、仕事と育児の両立は依然として厳しい状況にある（『朝日新聞』二〇一二年一二月一八日付）。加えて、就職難だったり、非正規雇用が増えたりと、若い女性たちは、仕事を続けていくうえで、将来に対する不安を抱えている。「子育てをしながら今の仕事を続けられるだろうか」、あるいは「この契約が切れたあと、次の仕事が見つかるだろうか」といった具合に、正規雇用であろうが、非正規雇用であろうが、先の見えない状況の中で、若い女性たちにとって、専業主婦という選択が、仕事を続けることと天秤にかけたとき、より魅力的、もっと簡単に言ってしまえば、「よりまし」な選択肢として浮上してくる。

とはいえ、若い男性たちもまた厳しい雇用情勢の中で、一家の大黒柱として、妻子を一人で養うことができる収入を得ることが難しくなっている。理想と現実のギャップの中で、専業主婦はなりたくてもなかなかなることができないものとなっていく。

さて、女性雑誌とは、その時代、社会にふさわしい女性の生き方やあるべき姿を象徴するメディアである。女性雑誌は、憧れの女性像を通して、その時々の女性の幸福の基準を提示してきた。『主婦の友』（主婦の友社、一九一七〜二〇〇八年）、『婦人倶楽部』（講談社、一九二〇〜八八年）、『主婦と生活』（主婦と生活社、一九四六〜九三年）、『婦人生活』（婦人生活社、一九四七〜八六年）は、高度経済成長期に進んだ専業主婦の大衆化ともあいまって、「四大婦人雑誌時代」を築き上げた。

高度経済成長期の第一次産業から第二次産業、さらに第三次産業へという産業構造の転換を背景に、家族のかたちや女性の生き方も変化していった。農家や商店のような自営業といった家族ぐるみの経営体は減少の一途をたどる。その一方で、雇用労働者、いわゆるサラリーマンが増加していく。進学や就職のために地方から都市へ出てきた若者たちは、郷里に帰らずに、結婚し、夫婦と子どもとの生活を始める。年功序列賃金や終身雇用といった日本的雇用慣行のもと、「男は仕事、女は家庭」という性別役割分業に基づいた日本型近代家族とも呼べるサラリーマンの夫と専業主婦の妻、子どもから成る核家族が、大量生産されていく。若い家族向けに、都市部郊外に団地やニュータウンが登場し始めるのもこの時期である（「昭和史再訪　公団団地の登場（昭和三一年四月）」『朝日新聞』二〇一一年六月二五日付）。

若い女性たちにとっても、経済的に安定しているサラリーマンと結婚し、妻として、一家の働き手である夫を支え、母として、育児や子どもの教育に専念することのできる専業主婦になることは、豊かな生活を手に入れた中流の証であり、理想の実現であった。

このことを象徴するのが、『主婦の友』で一九六四年から八八年まで使われていた「結婚したら主婦の友」というキャッチフレーズである。このコピーは、『主婦の友』の人気のみならず、結婚して主婦になることが「女の幸せ」だったことを何よりも物語る。そして、専業主婦こそが、当時の女性にとって、典型的な生き方だったことを示している。

しかし、一九八〇年代後半から九〇年代前半にかけて、女性の生き方が多様化していく中で、『主婦の友』を除く三誌が、次々と姿を消していく。生き残りをかけた『主婦の友』も、一九九三年二月号より大幅な誌面刷新を行っている。このリニューアルによって、それまでのファッション、趣味、医学、娯楽といった総花的内容から、読者モニターを起用した料理や家事のアイディア、家計の節約といった生活情報が満載されたものとなった。

一九八〇年代以降、「婦人」や「主婦」をタイトルに冠した戦後の代表的女性雑誌の読者離れが進んだ理由とは、雑誌が提供する主婦イメージと読者の求める女性像との間に齟齬が生じていったからにほかならない。例えば、タイトルこそ変わらないものの生活情報誌へと生まれ変わることで唯一残っていた『主婦の友』も、ついに二〇〇八年、その長い歴史に幕を降ろした。九〇年あまりの歴史にピリオドを打つまでの過程で、雑誌がイメージする理想の女性の姿を映し出すファッション記事を排し、『主婦の友』が、生活密着型雑誌へと生まれ変わったことは、読み手の心を惹きつける魅力的な新しい主婦像を、グラビアを通して提示することがいかに困難だったかを物語る。

その後、一九九〇年代半ばになると、『VERY』（光文社、一九九五年六月～）を皮切りに、『La Vie de 30 ans』（アシェット婦人画報社、一九九五年一〇月～二〇〇六年二月）、『Grazia』[1]（講談社、一九九六年三月～）、『Domani』（小学館、一九九六年一二月～）と、一九八〇年代のいわゆる女子大生ブームの波とバブル経済の追い風に乗りながら、二〇代を謳歌した世代をターゲットにした女性雑誌の創刊が相次ぐ。これらの新しい女性雑誌の登場によって、三〇代女性向け雑誌といえば、節約記事や家事のアイディアなどを満載した生活情報誌というイメージは、大きく塗り替えられた。

なかでも専業主婦を主な対象とする『VERY』は、もともと女子大生やOLといった二〇代女性向けファッション雑誌『JJ』（光文社、一九七五年～）の元読者層をターゲットに創刊された経緯がある。創刊に際して、『JJ』という雑誌を意識していること自体からしても、『VERY』が、既存の主婦向け生活情報誌の類とは、異なる性格を持つことは明らかである。

『VERY』では、生活感が隠蔽され、夫や実家の経済力を基盤に、趣味や母親同士のつきあいやブランド品の消費を満喫する専業主婦像を通して、若い女性たちの専業主婦願望が、見事なまでに体現されている。あくまでも主婦向けにファッションの流行を仕掛けることに徹し、「幸福な専業主婦像」[2]を提示することによって、独身時代のようにおしゃれを楽しみたいと思いながら、家庭中心の生活を送る女性たちの心をつかむことに成功した。突然の来客にも慌てない普段着や子どもの運動会や幼稚園の送り迎え、年末年始の実家や親戚への挨拶まわりなどでのファッションが取り上げられることを通して、主婦として、母親として、妻として、そしてもちろん一人の女として送る日常生活のさまざまな場面が、「センスのよさ」を問われる場となった。『ＶＥＲＹ』が、専業主婦のファッションやライフスタイルへ与えた影響は決して小さくなかった。この雑誌の創刊後、子ども連れでもおしゃれな母親たちが増え、街の風景が変わったとまで言われている。[3]単なる月刊誌の域を超えて、『ＶＥＲＹ』の登場とは、専業主婦イメージの転換点であった。

『ＶＥＲＹ』に登場する「幸福な専業主婦像」は、「新・専業主婦志向」の特徴を体現している。「新・専業主婦志向」とは、「男は仕事と家事、女は家事と趣味（的仕事）」という新たな性別役割分業意識に支えられた専業主婦志向である。[4]この新しい専業主婦志向は、一九九八年版『厚生白書』において紹介され、社会的に認知されていった。家計補助のためにパートやアルバイトで働いたり、職業キャリアの達成を目指した、いわゆる男並みの働き方をしながら、家庭と仕事を両立させるぐらいなら、経済力のある男性と結婚し、経済的、時間的に余裕のある生活

1　二〇一三年三月に、同年八月号をもって休刊することが発表された。

2　詳しくは、石崎裕子「女性雑誌『ＶＥＲＹ』にみる幸福な専業主婦像」『国立女性教育会館研究紀要』（第八号、二〇〇四年）を参照。

3　「バブル体験組の40代女性たちを雑誌も狙う　主役感、いまだ健在」『朝日新聞』二〇〇二年七月二三日付

4　一九九七年度厚生科学研究「女性の未婚率上昇に関連する意識についての調査研究」（研究代表：小倉千加子）で実施された都市部居住の二〇歳代三〇歳代の未婚女性五二名を対象とした面接調査の結果に基づく。

を送りながら専業主婦として自己実現を果たしたいという若い女性の願望が、「新・専業主婦志向」からうかがえる。

売り上げをめぐる厳しい競争の中で、長続きすることなく消えていく雑誌も少なくない中、創刊から早二〇年になろうとする現在も、読者の世代交代を経ながら、専業主婦志向を象徴する雑誌として『VERY』は健在である。[5]「基盤のある女性は、強く、優しく、美しい」という現在の『VERY』の表紙タイトルに添えられたコピーからは、妻として、母親として、主婦としての役割が、否定されることなく、むしろ一人の女性としてのアイデンティティの基盤にすえられていることが読み取れる。

専業主婦を選択するリスク

しかし、たとえ幸せな結婚をして、『VERY』で描かれるような憧れの専業主婦になったとしても、今度は、夫の社会的地位や経済力、子どもの成績や進学先といった序列の中にさらされる。専業主婦という選択には、夫や子供を通してしか、自己承認の手段を見出せない状況に陥ってしまうかもしれないリスクがつきまとう。第二波フェミニズムの代表的フェミニスト、ベティ・フリーダンは、アメリカの郊外住宅の一見幸福そうに見える白人中流階層

5 「VERY　ハンサムマザー宣言」(『朝日新聞』二〇一三

の専業主婦たちが心の中に抱える空虚感や不安感を、「名前のない問題」[6]と名づけた。半世紀の月日が流れた現在でも、これは、古くて新しい問題である。

子育て中の専業主婦にとって、子どもを連れて遊びにいく公園や幼稚園は、母親同士の人間関係の広がりが期待される場でありながら、一歩間違えば、その母親同士のつながりが、強い同調圧力の働く閉鎖的で同質的な集団へと変わってしまう場でもある。例えば、桐野夏生『ハピネス』（光文社、二〇一三年）は、東京の埋立地に建つ高層マンションに住む若い専業主婦たちの物語である。「ママ友」と呼ばれる子育て中の母親たちの小さな仲よしグループの中での嫉妬や見栄、自己嫌悪、不安や孤独が描かれている。主人公の「花奈ママ」こと岩見有紗は、故郷の新潟を離れ、東京の広告代理店でアルバイトをしているときに、合コンで出会った相手とつきあってすぐに妊娠し、「できちゃった結婚」をした。憧れのタワーマンションの二九階の部屋で幸せな専業主婦生活が始まるが、娘の花奈が生まれるころには、夫婦の間には埋めがたい溝ができていた。夫はアメリカに単身赴任すると、家賃と生活費を送るだけで、離婚を迫るメールを有紗に送ったきり、連絡を絶ってしまう。出身校、夫

年四月六日広告）からは、『ＶＥＲＹ』が、もはや専業主婦だけをターゲットとしているわけではなく、共働きの母親をも読者層として取り込みつつあることが明らかである。新聞二面を使ったこの広告の中で、「フルタイムマザーはワーキングマザー以上に〝フルタイム〟で家族のために働いている」、「イケダンがいなければ共働きなんてムリだと思う」と専業主婦とワーキングマザーの両者が、どちらも否定されることなく同じ重みでとらえられている。「母が自分の生き方に理想を持つのは悪くない。家族のために、自分自身のために頑張るカッコいいお母さん＝ハンサムマザーをＶＥＲＹはこれからも、とことん応援していきます」というこの宣言では、「母」がキーワードとなって、ともすれば対立しがちな専業主婦と共働きの読者をつなげる役割を果たしている。

6 詳しくはFriedan, Betty 1963 *The Feminine Mystique*, New York: Norton.（三浦富美子訳『新しい女性の創造』大和書房、一九六五年）

の職業、自家用車の車種、賃貸か分譲か、子どもの幼稚園受験、母娘の服装から持ち物に至るまで、三歳の女の子を持つ五人のママ友グループ内での微妙な差異や格差、上下関係が、浮き彫りにされていく。

音信不通の夫とはいっそのこと離婚し、仕事を探して、人生をやり直したらどうかと夫の両親から勧められたとき、有紗の心の中は、「せっかく、結婚できて専業主婦になって可愛い娘まで産んだのに。そして、豪華なタワマンに住んでいるのに。他のママ友は誰も働いてなんかいないのに。どうして自分が働かねばならないのだ」という思いでいっぱいになる。夫の経済的基盤が揺らいだり、夫との関係に溝が生じたりすれば、物心両面にわたって余裕のある専業主婦としての生活も成り立たなくなる。

物語の終盤、有紗は、一時帰国した夫から、アメリカで家族三人、もう一度やり直そうと提案される。悩んだ末に有紗が選んだのは、意外にも、娘を保育園に入れて、働きながら、夫が任期を終えて帰国するのを待つというものだった。毎朝、娘の花奈をタワーマンション内の保育園に送ったあと、近所の小さな事務所に出勤する。一〇時から一六時までの勤務で、時給八五〇円のパート社員だが、夫の両親からの経済的支援がなくなり、自分が働くことで、アメリカと日本に分かれて暮らす家族の負担を、わずかながらでも減らしている実感を有紗は覚える。ママ友グループは解散しても、働きに出ることで、有紗は、地に足を着けて、自分の居場所を見つけることができた。

実はこの小説、二〇一〇年七月号から一二年一〇月号まで『ＶＥＲＹ』に連載され、その後、単行本化されたものである。嫉妬と羨望にまみれ、見栄と嘘が上塗りされていくママ友たちの息苦しいまでの世界を描いた小説が、専業主婦志向を象徴する雑誌『ＶＥＲＹ』に連載されていたということ自体、専業主婦という選択に潜むリスクを興味深く物語る。そして、この小説に向けられた注目が、若い女性たちの間で広がる専業主婦志向の中に見え隠れする彼女たちを覆う日本社会の閉塞感や生きづらさを示している。

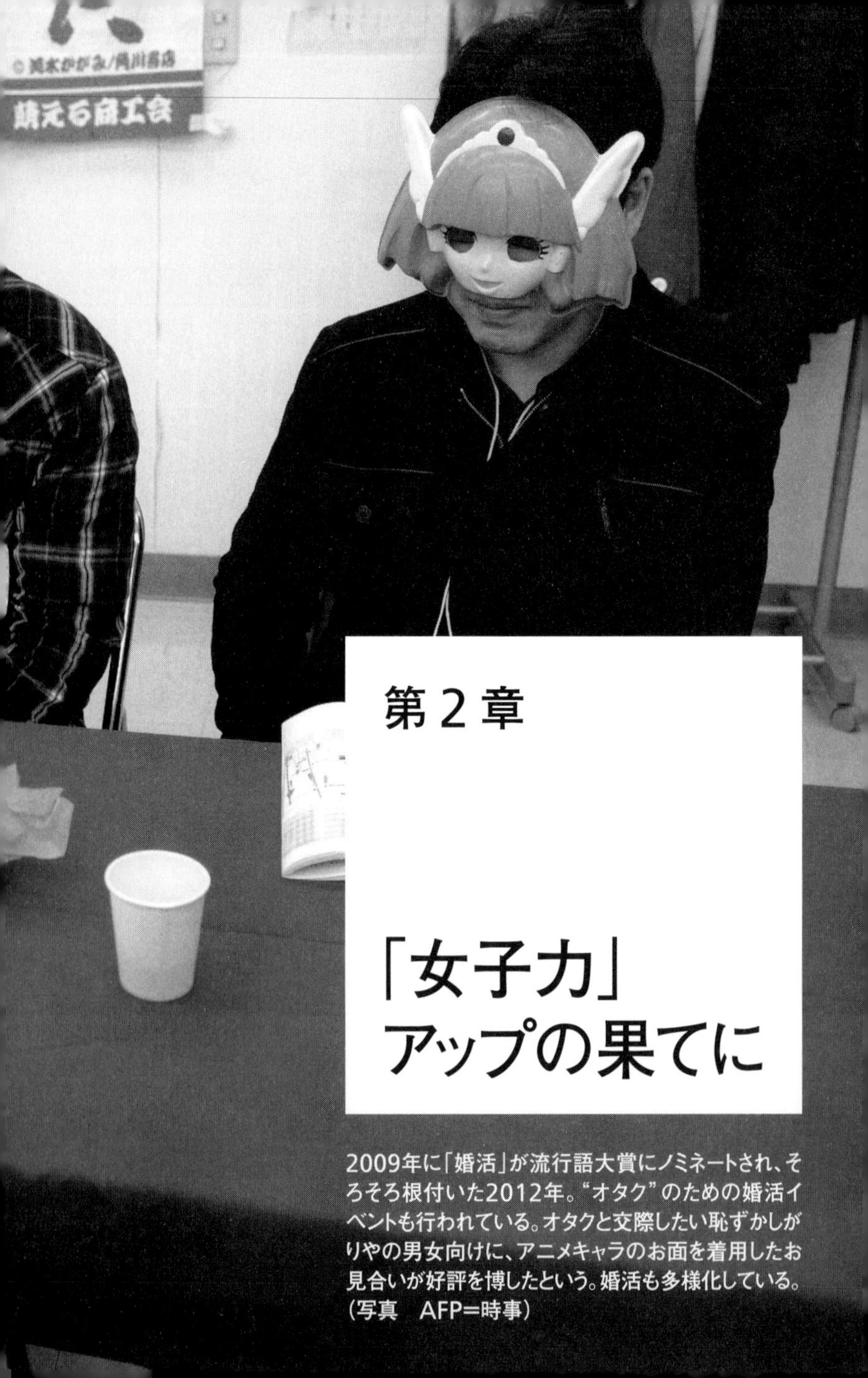

第２章

「女子力」アップの果てに

2009年に「婚活」が流行語大賞にノミネートされ、そろそろ根付いた2012年。“オタク”のための婚活イベントも行われている。オタクと交際したい恥ずかしがりやの男女向けに、アニメキャラのお面を着用したお見合いが好評を博したという。婚活も多様化している。（写真　AFP=時事）

座談会・2

男性に選ばれないと「かわいそう」ですか？

女子は〝うらやましがられる〟結婚がしたい

古市　先ほど結婚と階層の話が出ましたけれど、今の未婚化の原因の一つには「階層下降」があると思います。未婚者の大体七割は親と同居していますよね（**資料14**）。親と同居していた女性が、結婚して彼と住むとします。すると、お互いが働いていても、もともとの生活水準を下げなくてはならないことも多い。実家ではすべてお小遣いにできていた給料を生活費に充てなくてはいけなくなったりします。

千田　だから、みんな結婚をしないのではないですか。

古市　もちろん、それだけではないと思いますが……。

西森　いろいろなものが目減りすると考えられますからね。

水無田　例えば酒井順子さんの『**負け犬の遠吠え**』[38]（講談社）を読んであ

38 『**負け犬の遠吠え**』二〇〇三年出版のエッセイ集。「三〇代以上・未婚・子なし」の女性を〝負け犬〟と定義、仕事にやりがいを感じ頑張った結果そうなってしまった女性は、むしろ自虐的に〝負け犬〟のレッテルを貼ってしまったほうが世間とうまく折り合いがつく、と説いた。翌年の流行語大賞にもノミネートされた。

［資料 14］

独身男女の親との同居比率

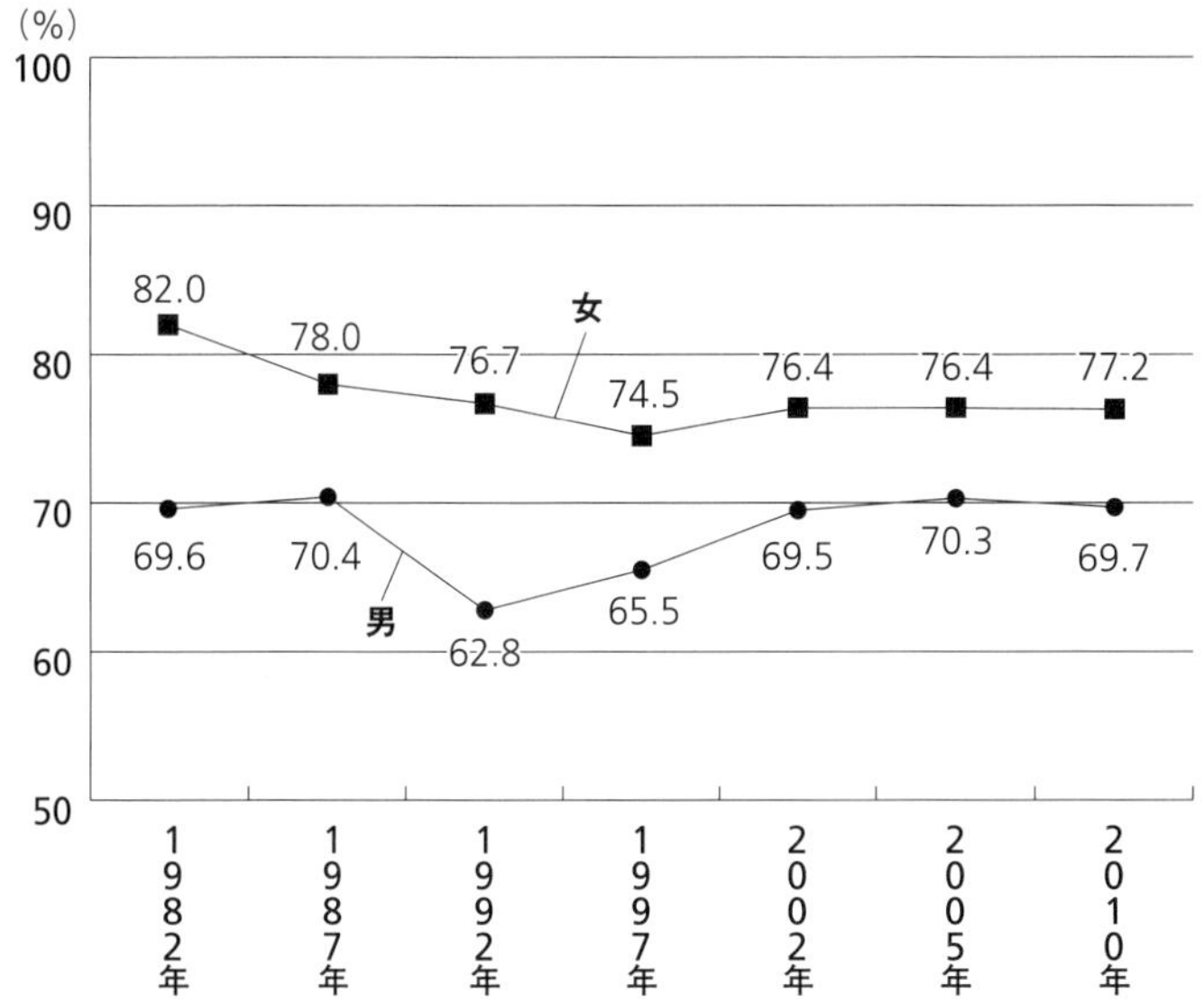

日本では未婚者の親との同居率が高い。「パラサイト」と揶揄されることもあるが、実際には低い給与や、不安定な雇用条件などにより、親と同居せざるをえない若者も多い。このような家族福祉が、若者たちの「幸福」を支えている。（古市）

資料）国立社会保障・人口問題研究所「出生動向基本調査（独身者調査）」

注）18〜34歳の未婚者が対象。父母どちらかと同居していれば「同居」としている。

らためて思ったんですが、酒井さんのような都心の私立付属女子高上がりのアッパー層女性たちは、自分の所属集団の目が気になってしまって、仲間内でうらやましがられるような結婚でないとできないという意識が、すごく強い。

千田　特に、今四〇代のバブル世代はそうですよね。「ここまで待ったんだから、まわりにうらやましがられるような結婚をしなきゃいけない」と思って、だんだんハードルが上がる。

水無田　友達に自慢できるような人が見つからなければ、「いっそ外国人でもないと無理」とかですね。

千田　そうそう。外国人だったら、無職でも〝**寺島しのぶ**[39]パターン〟みたいなものがある。何をやっている人かよくわからないけれど、「でも、私の夫はフランス人だから」と言ったら〝勝ち〟みたいに(笑)。

水無田　私の友達は、類は友を呼ばずに優秀な女性ばかりなんですが、四〇歳を過ぎて結婚したのは、みんな相手は外国人というパターンでした。どういうことよ、と思いましたが(笑)。

古市　僕も外国人と結婚したいですね。

水無田　だんだん固まってきましたね、古市さんのお相手プロファイリングが……。

西森　古市さんは……なんか女子ですよね。昔の男子なら言えなかったようなことをさらっと言う（笑）。

古市　浜崎あゆみさんの結婚が、すごくいいなと思ったんです。日本では籍も入れなくて、ロサンゼルスで結婚して、しかも年三、四回しか会わないみたいな……。まぁ、すぐに離婚してしまいましたけどね。

水無田　それで結婚の意味はあるんでしょうか。

古市　僕の妹が今年結婚したんです。結婚は別にうらやましくないいんですが、結婚式はすごく楽しそうだなと思いました。

西森　やっぱり女子じゃないですか！

水無田　待ってください。古市さんがわからなくなってきました（笑）。

古市　結婚式は、自分たちが主役のパーティーですよね。それを長い間かけて準備して、当日みんなからチヤホヤされるのが、楽しそうだなぁ、と……。

水無田　結婚式が楽しそうと言う男子、初めて見ました。

西森　昔はいなかったですよね。

水無田　いい世代ですね。

考えたら、かつて多くの会社員にとって職場が「一大お見合い市場」だった時代には、上司に仲人を頼むのが慣例だったりしました。そうすると、お嫁さんのほうは自分さえきれいに見えればいいんですが、旦那

39 **寺島しのぶ**
一九七二年生まれの女優。父は歌舞伎役者の尾上菊五郎、母は富司純子、弟は尾上菊之助という役者一家に育つ。夫はフランス人のアートディレクター、ローラン・グナシア氏。

さんのほうは、会社村の中での「さらし者」ですから。そして、〝**三つの袋**[40]〟とかですから(笑)。

それは嫌ですよね。友達など気の合った仲間しか呼ばなくて、会社の上司なんて関係のないところで、自分のコミュニティの中で式をするのであれば、結婚式も楽しいでしょうね。

西森　男性の感覚が変わってきているというのも、たぶんありますね。昔は、着飾ったり、主役になったり、晴れがましいことをするのが男性にとっては「しゃらくせえ」ことだったと思うんですが、今や、ひげを脱毛するような人たちがそういうことを思うわけがないというか……。

水無田　そういえば古市さんは、永久脱毛しているとうかがいました。

古市　ひげだけですけどね。単純に便利だし、毎日剃るのは面倒くさいですから。結構まわりにも多いですよ。

千田　剃らないほうが、肌もきれいなままに保てますしね。

西森　昔は私、「**ロマンティック・ラブ・イデオロギー**[41]」を信じていましたし、**マッチョな思想**[42]に対して同調したい気持ちもありましたから、女子化していると思われる古市さんを見て「こいつらが国を滅ぼすんだ!」と勝手に思っていたんですが(笑)。

水無田　なぜ「国を滅ぼす」なんですか?

西森　国も家族も守れない男はけしからん！　と思っていたんじゃないかと……。

水無田　西森さん、どこまで頭の中オヤジなんですか！（笑）

西森　私も、最近やっと「女子化した男性って、当たり前とかを押し付けてこないし、なんてラクなんだろう」と思い始めて、私自身も〝脱マッチョ化〟してきました。

水無田　私は編集者をはじめメディア関係の方とお仕事をする機会が多いのですが、こういう業界で仕事ができる男の人は、フェミニンというか、端的に言っておばちゃんっぽい人が多いですよ。

だから、女子学生には「君たち、おばちゃんっぽい男がこれから出世しますよ。つかまえるなら、イケメンよりおばちゃん男子がお勧めよ！」と伝えています。もはや女子を通り越して「おばちゃん」。

千田　でも、二〇年前は、出世するタイプはやっぱりオヤジだったですよね。それがもう全然違うと思います。

水無田　そうですね。

西森　自分の世代ぐらいが分かれ目な感じがします。

千田　私たちは**コーホート**[43]的に損していますね。今の若い子たちを見ていると、そう思います。

40 三つの袋
結婚式の定番スピーチの一つ。「結婚したら大切にしてほしいものに〝三つの袋〟があり……」などと始まり、その三つは「胃袋、堪忍袋、お袋」が一般的。ほかに、給料袋、知恵袋、玉袋（↑やや下品!?）などが入るバリエーションもあるらしい。

41 ロマンティック・ラブ・イデオロギー
簡単に言えば、「恋愛と結婚は（そしてセックスも）つながっている」という考え方。詳しくは、52ページの千田有紀さんの論考をお読みください。

42 マッチョな思想
職場ならば、女性はあくまでも男性のサポートが一番大切な業務であり、家庭ならば、女性は家を守ることが大切で、子育てならば、子どもが大きくなるまでは仕事をしないなど、旧式の価値観で成り立っている思想。（西森）

西森　うらやましいですよね。
古市　「うらやましい」というのは？
西森　マッチョな思想とかと関係なくいられる感じ、面倒くさい沽券とかプライドとか、そういうものと関係なくいられる感じがうらやましいですよ。あ、もちろん一方では保守傾向もあって、そういうものにこだわる人がたくさんいることも知っているのですが……。
ビジネスの現場では、旧来的な男性はちょっとやりにくくなっているでしょうね。先ほども出ましたが、男性の〝筋肉量〟を必要とするような仕事が減っているからということも関係しているでしょうし、消費者としての女性が重要視されているということもあるでしょう。

義理チョコはなぜすたれてきたのか

水無田　聞くところによると、バブルのころというのは、女性は食事代を出さなくてよかったとか？
千田　私は大学生時代がちょうどバブル期でした。就職も、最高によかった時代ですね。
西森　私も、バブルはそんなに経験していないのですが、空気としてまだ残っていた感じだったですね。男性には沽券というかプライドもあるからこそ、おごったりチヤホヤしたりとかしてくれたのはあると思うんですけどね。

古市　そんな話を聞くと、今の若い女の子は「やっぱり昔のほうがよかった」と思うのではないですか。

千田　いや、彼女たちは結構「ワリカン」にこだわるんですよ。

西森　もちろん、ワリカンが若い男女の常識になりつつあるからというのもあるでしょうけれど、女子がモテたいからというのもあるでしょうね。女子が「おごってくれて当然」みたいなことを言うと、男子に総スカン食らいますからね。

千田　「バブル女か！」みたいな感じですね（笑）。

西森　「そんな価値があるのか？」と（笑）。今の女子学生はみんな、とても賢いというか、ちゃんと意識の高い子はそういうことを読めているから、「それは言わないほうがうけるんじゃないか」と考えているのではないでしょうか。

千田　そうかもしれない。

西森　本当はおごってほしいんですよ、普通に考えて。だから、ファッション雑誌『JJ』（光文社）でも、「社会人のカレができる服大研究」というページができたのだと思います。つまり、学生は無理で、社会人しかおごってくれないからということでしょう。

43 コーホート
何らかの共通した因子を持つ集団のこと。同時期に生まれた「出生コーホート」を指すことが多い。

千田　「私は男子と対等でいたいからワリカン」という感じではなくて、「ワリカンは当然じゃないですか！」みたいなことを女子学生が言うから、疑問に思っていたのですが……。今の話でわかりました。

水無田　戦略なんですね。

西森　戦略というか空気というか、何でしょうね。**はぁちゅう**[44]さんが、「女の子はひと月に相当なお金を美容費にかけているから、男の子におごられて当然」というようなことをネットで発言したら〝炎上〟していましたものね。まだそういう人もいると思います。

水無田　すごく面倒くさい社会ですね。

千田　おごってもらったほうがラクですよね。

古市　僕もおごられたい！（笑）

千田　ねぇ（笑）。世の中にはある種の相互性みたいなものがあって、**交換理論**[45]とかを無理やり使えば、おごることで継続的な関係もつくられるわけだけれど、ワリカンにしたらそこで終わりますよね。

水無田　そうですよね。おごられて、「じゃあ、次は私が出しましょう」というようには進まない。

西森　また韓国の話になるのですが、韓国は年上が偉いという**儒教の文化**[46]なので、飲み会などでは、必ず年上が年下の分を全部おごるんですよ。「それで大丈夫なの？」と聞くと、「大丈夫。昔は自分もおごってもらっていたから。循環しているんです」と。でもそれは、循環がなされる雇用の形態があったからこそできるんですよね。韓国もこれからどうなるかわかりませんが、たぶん今の日本では、社会全体でそれが確立されていないから難しい。

千田　それこそ会社なんかでも、今は先輩からおごられているけれど、いつか自分が上になったら後輩におごることができるかというと、その保障はないんですよね。転職してしまうかもしれませんし……。

バレンタインデーの義理チョコがなくなったのも、そういう理由だと思いますよ。なぜなら、義理チョコとか、派遣の人にとっては関係ないものなんですよね。

水無田　義理チョコを渡したあと、ホワイトデーまで自分が会社にいてお返しがもらえるか、わからなかったりしますからね。

西森　派遣の人は、チョコレートをあげるというコミュニケーションで、何か自分にとって潤滑油になるような効果があるとも思っていないですよね。〝ガチガチコンプライアンス〟とでもいいますか……。

千田　派遣の夢がちょっと崩れますね。派遣になると、自分のレベルでは就職できなかった企業に行くこともできますよね。だから、それを夢

44 はぁちゅう　本名は伊藤春香。一九八六年生まれ。美容クーポンサイト「キレナビ」編集長。慶応義塾大学在学中に、女子大生カリスマブロガーとして有名になる。現在は会社員として働くかたわら、個人としてウェブサービスの運営や講演、執筆活動を続けている。

45 交換理論　「社会的交換理論」ともいわれ、人間の社会的行動を〝交換〟という観点から説明しようとする理論。この場合の〝交換〟には物だけでなく、愛情や信頼など形のないものも含まれていて、少し乱暴に言えば「人間関係はギブ&テイクで成り立つ」という考え方。

46 儒教の文化　韓国ではおよそ五〇〇年にわたり儒教を「国教」と定めていたことから、「長幼の序」（年齢や地位による序列）や「孝」（親や先祖を敬う）を重んじるなど、今なお日常生活への影響力が強い。

に派遣になる女子たちもいたのですが、コンプライアンスなんか考えたら、そんなことは実は幻想だということなんですね？

西森　マスコミで働けるとか、広報ができたりとか、なかなか責任もあって、楽しそうにしている人もいましたけど、やっぱり期限もありますし、幻想だと思います。

私が敏感だったからというのもありますが、派遣と正社員にははっきりと階層差を感じました。正社員の同世代の女性は、性格もいいし、育ちもいいし、学歴もいいし、キラキラのファッションを身に着けているし、大体同じような職種の男性と結婚していてお金持ちだし、持ち家があって外車に乗っていたりして……。だからといって、派遣の人をバカにしたりしない。

ただ、かといってプライベートでも仲よくなるとか、対等に話すとかいうのは私には無理な感じでした。だから、私もそういうことは諦めていましたが、その一方で、「いつか私もちょっとでも階層上昇して、この人たちともちゃんと仲よくできたらいいな」と思っていました(笑)。

ファッションセンスは階層!?

水無田　今、若くしてすぐさまある程度の職に就けるというのは、相当に元からの水準の高い人たちだと言えますよね。

西森　それを考えると、すごい競争社会ですね。

ＮＨＫの「ニッポンのジレンマ」でも、出演している若い女性たちは、みんなキャリアがあるうえに美人でしたしね。

古市　でも、見た目というのは、別にテクニックの問題なのではないですか？

千田　ズバリ切りましたね(笑)。

西森　自分をきれいに見せることができる〝容姿をつくり上げるテクニック〟を持つということすらも、頭脳というか……。

古市　つまり、持って生まれた容貌は、今現在の「美」にはあまり関係ない。しかし、生まれ落ちた文化階層によって、自分をきれいに見せるテクニックが身に着けられるかはだいぶ規定されてしまう。ということは、結局生まれが大事という話になってしまいます。それは、せつないですね。

西森　可視化されない階層のようなものが、ものすごくあると思います。

千田　「ファッションセンスは階層！」と私はつくづく実感するんです。

私はバブル世代で、ワンピースを一枚着たりとかスーツを着ればいいという世代だから、重ね着がうまくできないんですね、すごく苦労します。今はセンスよく重ね着する、そのセンス自体が問われているじゃないですか。そのセンスは長い間に培われるのに、学習機会を逃したから、これは本当に抜け出せないものを感じます。私にとっては、重ね着できる人はファッション上級者なんですよ。

水無田　ちょっと待ってください。バブル世代だからこそ、いいものをパッと買えるのではないですか。それこそ、私たちは若いころから古着屋めぐり、フリマやバザーめぐりですよ。いいものを一点買いするのが難しくて、ミノムシみたいに重ね着しているのが、上級者ですか……(笑)。

千田　だから、古着屋とかバザーとかでセンスよく着られるというのが、つまり階層なんですよ。

例えば**カルバン・クライン**[47]に行って、「ここからここまで」と買ってセンスよく着るというのは、誰にでもできるんです。カルバン・クラインには、あまり変なものは売っていないですから(笑)。でも、ユニクロに行くと、色やデザインがたくさんありますよね。あの中のものを重ねてきれいに着るというのは、センスなんです。お金さえかければ……例えば「マネキンのコーディネートを上から下までちょうだい」と言えばいいんだけれど、そうではなくてセンスだけでとなったら、かなりのものが試されるんですよ。だから、古着屋などでセンスよく着られる人は、私的にはかなり階層が高いんです。

水無田　それは階層じゃないですよ(笑)。ユニクロは全然難しくないですよ。

古市　でも、居酒屋でアルバイトしている子のファッションなどを見ていると、なんかヤンキーっぽい人が多いというか……。昼間はあまり活動しないだろうからお金は持っていて、高いブランドの服を買っているのだろうけれど、コーディネートの仕方が独特だなぁと思うことがあります。

西森　志向がファッションに出てしまうということはありそうですね。

千田　何をかっこいいと思うかというのは、やっぱり階層なんですよ。

古市　そうそう。ファッションも一種の勉強ですよね。ファッション雑誌とかを見て、どんなものがいいんだろうと組み合わせていくことは、ある程度の学習能力がないとできないですから。

西森　最近だと、変な格好をしていると、仲間に入れてもらえなかったりしますよね。「これを選ぶ感覚だったら、ちょっとないわ」みたいに思われたりとかして……。

古市　でも、そうした〝明示的な排除〟は今はないかもしれないですね。一応、多様性は受け入れる。そこに見えない壁みたいなものはやっぱりあるかもしれませんけど。

西森　ただ、今は〝スクールカースト〟的なものもありますし……。見た目のセンスに加えて、言動のセンスや空気を読むセンスとかでも、やっぱり関係してくると思うんですよ。

千田　だから、高いものやいいものを着ていればいいというわけではないんですよね。

47 カルバン・クライン　体のラインを強調した洗練されたデザインが特徴のファッションブランド。一九七五年に日本進出。現在でも下着類や香水などを中心に人気が高い。

西森　それに、階層移動が本当にしにくい世の中になっているという話が何度か出てきましたが、上昇婚もなければ、職業でいきなり上がるということもあまりないとなると、専業主婦になりたいというくらいしか、夢が見られないですよね。

千田　そうですすね。

〝不用意に〟恋愛ができる世代とできない世代

水無田　そういえば、私たちの世代は、中学・高校のころ、彼氏ができた女の子から勉強をセーブし始めるという感覚があったような気がします。彼氏がそう言うわけではないんだけれども、彼女のほうからなんとなく一歩引いてしまうというか……。今でもその傾向はあるかもしれません。

西森　自分の思い込みがあるんですよね。それが一番何に表れているかというと、日本の管理職の女性の割合に出ていると思います**（資料15、16）**。女性は、会社でうまくやっていくためには「能力が高すぎないほうがいい」という思い込みが、すごく大きいと思うんです。ＯＬをしていたからわかりますが、余計なことは言わないように、悪目立ちしないようにという意識がすごく大きい。

千田　私も学会で風当たりが強くて……ある先生に理由を聞いたら、まず「君は大きいしさ」って。あと「声が低すぎる」(笑)。
西森 〝できる、でかい、声が低い！〟は女性がそうありたくない要素ですよね(笑)。
千田 だから小柄な子が小さな声で「えっと、よくわかんなくて……」と発表していたら、みんなすごく優しいのよ(笑)。
水無田 千田さんは、まだ偉いおじさまの先生に声をかけていただけるからいいんですよ。
私は最近気がついたのですが、学会に行くたびに〝**腐女友**[48]〟が増えるんです。研究職系女子の腐女子率がすごく高いので、つい楽しくお話をしてしまって……(笑)。考えたら、こういうときは偉いおじさまの先生に売り込むぐらいの気概がないと、専任の職はゲットできないはずなんです。でも私は、偉いおじさまの先生どころか、男性研究者一般が、決して近づけない亜空間を生み出していることに、やっと気がついて……。
西森 固まるから怖いんですよ(笑)。それは学会とかだけの話ではなくて、一般社会だって絶対そうなっていますよね。行き場のなさが、腐女子をはじめとした、おじさまの理解を超えた新しい女子像を生んでいるような……。
ところで古市さんぐらいになると、「逆に、いじられて怒られたい」というような感じですか？
古市 別にいいというか、関係性としてはそのほうがラクですよね。で

48 腐女友
腐女子の友達。腐女子とは、広義ではオタク気質女子全般を意味し、狭義では男性同士の恋愛(ボーイズラブ、BL)を扱った小説や漫画を好む女子のこと。水無田はどちらかといえば広義に属し〝腐り度〟は低いが、周囲の男性から見れば同じようなものである、らしい……。(水無田)

［資料 15］

女性管理職の状況

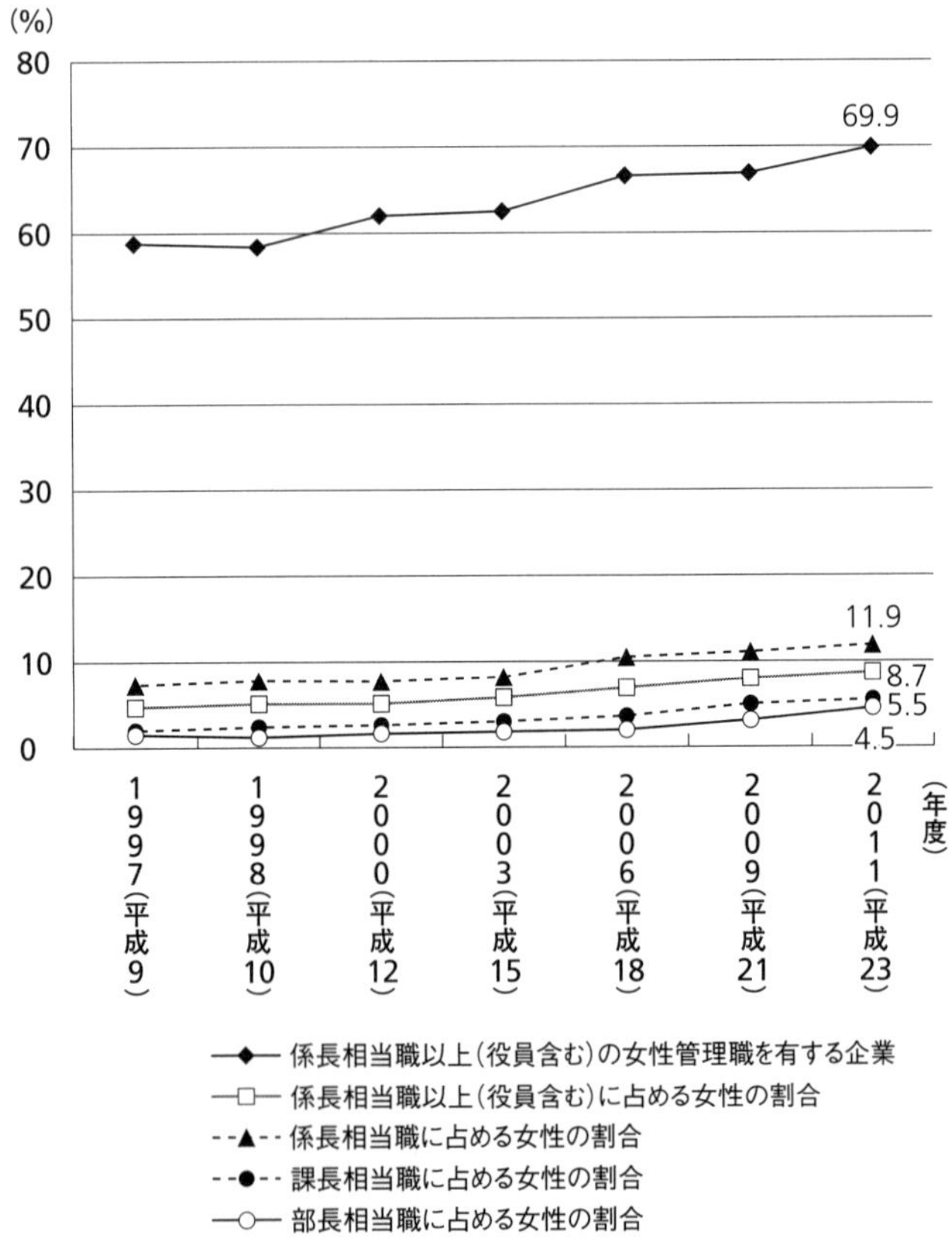

資料)厚生労働省「女性雇用管理基本調査」、「雇用均等基本調査」
注)2011(平成23)年度および2009(平成21)年度の数値は、岩手県、宮城県および福島県を除く全国の結果。

［資料 16］

女性管理職割合の国際比較

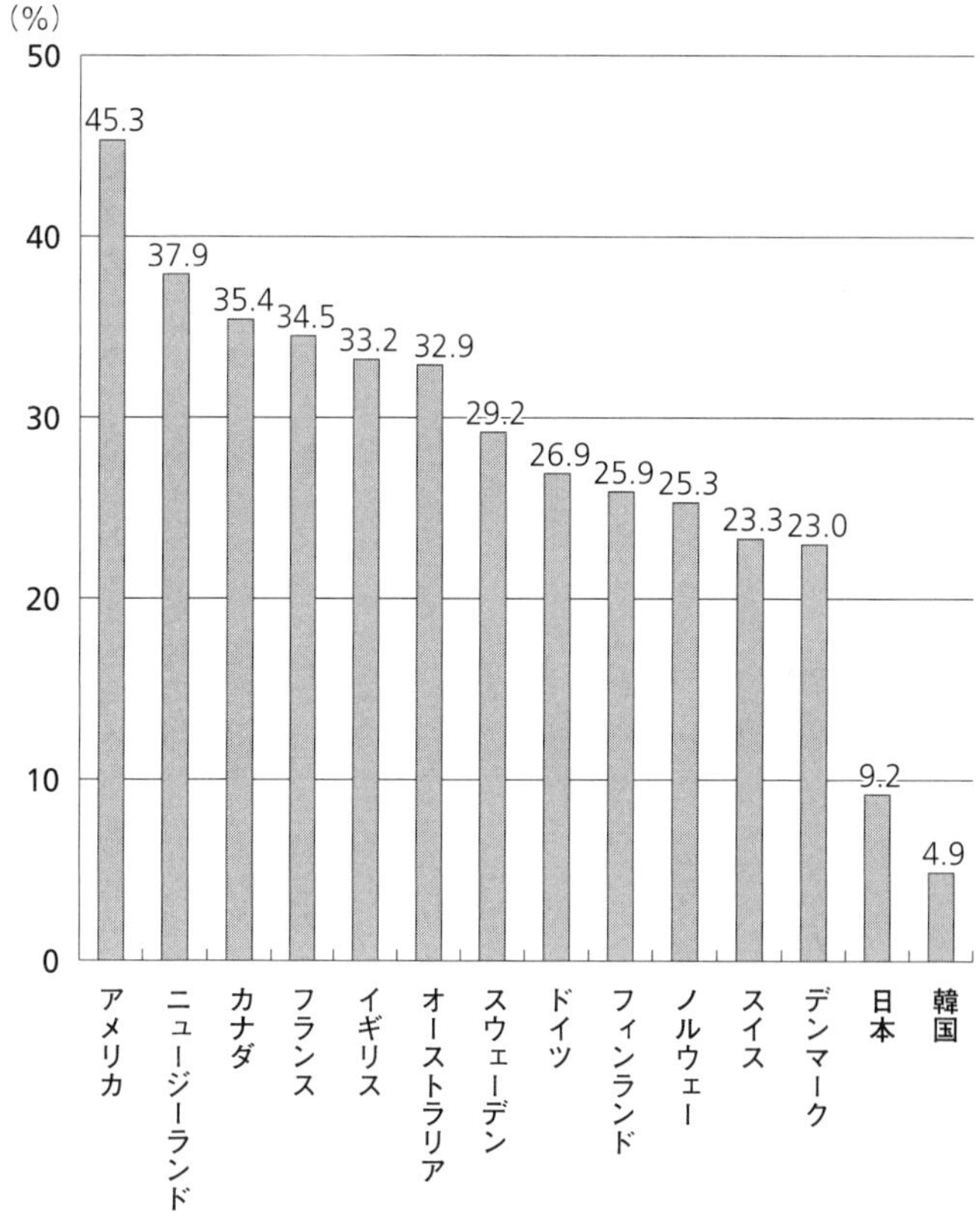

資料）男女共同参画会議 少子化と男女共同参画に関する専門調査会「少子化と男女共同参画に関する社会環境の国際比較 報告書」（平成17年9月）
注）議員、政府高官、管理職種に占める女性の割合。

も女子も、かつてはこうだったのではないですか？

西森　そうそう、だから古市さんを見ると、昔の女の子を思い出すんです(笑)。

古市　今でもこういう女の子はいるのでは？　たまたま「このあたり」にいないだけで……。

西森　男女差があまりないんですよね、古市さんの世代は……。

古市　意識の面での男女差というものは減ってきている気はするんですが、そうしたら**上野千鶴子**[49]さんに「そんなことはない」と……。

千田　男女差はわからないけれど、〝性欲の二極化〟のようなことは起こっていませんか？

古市　二極化はそのとおりだと思います。

千田　すごくやる気のある人とない人がいます。それは男女とも……。だから、性欲のない学生同士は、旅行などに行って男女二人で同室で寝たりとかしているんですよね。「何かあると思うほうが変だ」みたいに言われます(笑)。

西森　昔と今ですごく違っているなと思うのは、昔の人は〝不用意に〟恋愛していたんですよ。一緒の空間にいるだけで「ちょっといいな」とか思ったら、すぐに恋愛が始まってしまう。でも今の人は、リスクやいろいろな人間関係などを考えるから、不用意に恋愛を始めないんですね。

あと、〝**セフレ**[50]〟という概念ができたことによっても変化してしまいました。

水無田　それはあるかもしれません。

西森　古市さんは、不用意に恋愛を始めたことはありますか？

古市　やっぱりいろいろと考えてしまいますね、まわりに及ぼす影響とか……。恋愛であっても、いろいろ計算してしまいます。この人とつきあうと、まわりからどう見られるか、とか……。

西森　なんか変なやつとつきあって、自分の価値を下げたくないということですよね。

古市　そうそう。

千田　みんな『**ベルばら**』[51]とか読んでくださいよ（笑）。ロマンティック・ラブの素敵さを知るために！（笑）

西森　不用意に恋愛できる人は、何回も離婚して、何回も再婚しますよね。私は、自分にあの〝おっちょこちょい力〟が欲しいと思います（笑）。

千田　体力がないとできないですよね。

水無田　そういえば、以前、**伊藤比呂美**[52]さんにその点を説教されまし

49 上野千鶴子
社会学者。専攻は、家族社会学、ジェンダー論、女性学。

50 セフレ
「セックスフレンド」のこと。セックスを楽しむことを目的に交際する男女（同性の場合も）の関係を表す俗語。

51『ベルばら』
池田理代子作の漫画『ベルサイユのばら』のこと。一九七二～七三年、『週刊マーガレット』（集英社）で連載。フランス革命期の史実を基にした作品で、男装の麗人オスカル、その忠実な僕アンドレ、王妃マリー・アントワネットなどの人生を壮大なスケールで描く。宝塚歌劇団による舞台も有名。（１１５ページコラムも参照）

52 伊藤比呂美
詩人、作家、エッセイスト。一九七八年『草木の空』でデビュー、八〇年代にかけての女性詩ブームを牽引。八五年『良いおっぱい悪いおっぱい』で、子育てエッセイという分野を切り開く。

た。私は一応詩人でもあるのですが、伊藤さんは一九八〇年代の女性詩人の代表の方ですよね。私が子どもを産んだばかりで、子育てと仕事でわりとヘロヘロだった状態で講演にお呼びしたのですが、いきなり「あなた、結婚していたって好きな人なんて次から次へできてくるものなのよ！」と……(笑)。

西森　昔の人のほうが、そういう力は強かったからですよね。というか、恋愛が何かを生み出してくれるという思い込みは強かったですね。そういうことを今の若い子に言うと、結構笑われますよね。

水無田　結婚しても恋愛はまた別というように、本当に実人生でもやってきた世代の**フェミニスト**[53]の方はすごいですよね。

私たちよりも若い世代の詩人を見ていると、恋愛の原動力を作品に変えていくような、そういう元気さはないんですよね。

西森　そうそう。四〇歳を超えている女性のほうが、そういう幻想はすごく大きいみたいですね。元気ですしね。でも、そうなると余計に、バブルだとか**美魔女**[54]だとかで、なんだか笑われてしまうんだなと思って……ゆるい感じの人たちに(笑)。

千田　「なんか頑張ってるよね」みたいに思われる(笑)。

でも、恋愛を通して自己実現をするというような考え方は、私たちの

53 フェミニスト
伝統的な女性概念による束縛から女性を解放し、女性の権利の拡張や男女平等を目指す「フェミニズム」を主張する人々のこと。

54 美魔女
ファッション雑誌『美STORY（現在、美ST）』（光文社）による造語で、才色兼備の三五歳以上の女性のこと。「国民的

ころはまだあったんですよね。だから、専業主婦になるというのも、ある意味、自己実現と言えば自己実現。でも今の若い世代にはそれはないと思っています。だから、最近五〇代のおじさんが不倫しているのとかを見ると、こういう人たちが日本経済を回してきたんだなと思って、尊敬してしまう（笑）。

水無田　まさに**『恋愛と贅沢と資本主義』**[55] ですよ。

千田　性欲もないような人は働けないですよね、たぶん。私も本当にやる気なくて疲れてて……。バブルのころの体力が欲しいですね。

水無田　私にいたっては、**「ときメモ Girl's Side」**[56] ですらもうまくできないみたいな……。

古市　どういうことですか？

水無田　「スキンシップモード」というのがあって、ゲームの中で男の子にタッチすると軽いスキンシップになるはずなのですが、何度やっても攻撃になってしまうんですよ（笑）。ときめき度も友好度もどんどん下がってきて……そのゲーム、売りました（笑）。

西森　でも、「ときメモ」的な幻想が男子のほうにあるのかな、という気も……。何か意図がある女子の気持ちを、男子はすごく先読みできる

〝美魔女〟コンテスト」も開かれるなど話題になった。こうした女性を讃える意見もあるが、逆にいつまでも女を降りないということや、美容にお金をかけすぎることから、批判の対象にもなっている。（西森）

55　『恋愛と贅沢と資本主義』　ドイツのヴェルナー・ゾンバルトによる一九一二年刊行の論文。資本主義論といえば、社会学の金字塔『プロテスタンティズムの倫理と資本主義の精神』で、マックス・ウェーバーが述べた「敬虔な心と質素倹約が資本主義を勃興させた」との主旨に真っ向からけんかを売っているような論文。ものすごく簡単に言うと、「資本主義を発達させるのは、倹約どころか欲望なんだよ！　モテるために、オヤジが女に貢いで！　貢いで！　貢ぎまくって！　それで愛妾経済が資本主義を発達させたんだよ！」と主張している。現在でもキャバクラ業界などでは当てはまる議論かもしれない。ゾンバルトはリア充派、ウェーバーは非リア派といえる、かもしれない……。（水無田）

んですよね。だから、男子を獲得するために猫なで声を出すとかするのを、男性側では「ちょっとやめてほしい」というような気持ちがあるのではないかと思います。

編集S　「肉食系は嫌だ」というような気持ちですか？

古市　それはどうなんでしょうね。でも、女子が気にしているほど、男子はそういう細かいところはあまり気になっていない気もします。例えば、一時期はやっていた「**涙袋メイク**」[57]とか、言われるまで気づかなかったですもん。

西森　恋愛経験の多い人と少ない人でも違うのかなと思いますし……。

あと、「涙袋メイク」はたぶん年代だと思うんです。目の下がぷっくりとしている人がエロいというのは、**小沢健二**[58]さんが言いだしたものなので、アラフォーあたりから「ホルモンタンク」があるとモテるのだという思い込みが蓄積されて、爆発しているだけではないかと思います。

とはいえ、商品は爆発的なヒットをしているそうですよ。

水無田　女子力をこじらせると、だんだん怖くなってきますからね。

西森　でも、古市さんはそういうふうに言いますけど、目の下にハイライトを入れるだけで、顔が明るく華やかになったりするんですよ！

千田　でもね、女子にアタックされると、今の男の子は引いていきますよ。実際、ちょっといいなと思っていた子に積極的に来られて、怖く

56「ときメモGirl's Side」　二〇〇二年発売の女性向け恋愛シミュレーションゲーム。ときメモは「ときめきメモリアル」の略。正確には、水無田がここで例に出したのは、「Girl's Side 2nd Kiss」(二〇〇六年)のほうだった(1と2両方プレイして、両方完全クリアには至らなかった)。本文にあるように、必死でイケメンキャラとのタッチプレ

なって逃げたという話があります。私は女の子の気持ちはわかるのですが、例えば一緒に泊まっていて、彼のほうが何も手を出してこない、女の子は「なぜ？」と思って、ちょっと積極的になったら彼がドン引きみたいな感じなんだそうです。

　これから男の子がみんな、そういう草食系ばっかりになってしまって大丈夫なんでしょうか。

西森　それこそ、古市さんが国を滅ぼすんだろうな、みたいな……（笑）。

千田　そう。さっきからそのセリフが頭から離れないのですが……（笑）。

水無田　古市さんが結婚して、子どもをつくるぐらいだったら希望が持てる、ということですね。

西森　古市さんが、不用意に恋愛とかするところを見てみたいですね。

古市　いや、結婚はしたいですけどね。どういう女子と結婚したらいいのでしょうか？

水無田　そんなこと聞かれても……（笑）。

イを成功させようと挑んだが、殴ったり蹴ったり目つぶししてしまったりで、挫折。密かに「これは……殴られるたびにときめき度が上がる〝ドM属性男子〟がいるのかもしれない」と思い、全キャラにためしてみたが、やはり違っていたようである。同時期、ゾンビを撃ちまくる某シューティングゲームをやっていたのもまずかったらしい。（水無田）

57　涙袋メイク　涙袋（目の下のふくらんだ部分）を強調するメイクのこと。涙袋は「眼輪筋」という筋肉なので（つまり、涙とは関係ない）、鍛えることでぷっくりするという話もあるが、真偽は定かではない。

58　小沢健二　一九六八年生まれのシンガーソングライター。八九年に「フリッパーズ・ギター」の一員としてメジャーデビュー。解散後、スチャダラパーと共演した「今夜はブギー・バック」がヒットし、一躍名が知れわたる。知的で軽妙な言動やファッションが若者を中心に支持され、「渋谷系の王子様」と呼ばれて人気を博した。

「女子力アップ」の果てに

古市　それで、女子力というか……女子は何を頑張ればいいのですか？　そもそも「女子力アップ」とか言うけれど、女子力アップの果てに何があるんですか。

水無田　つまり、男子がみんな古市さん型になった社会になって、女子がどう頑張ればいいかということですね。未来型ですね。

西森　では、古市さんは〝女子力〟というものをどう思っていますか？　ばかばかしいと思っていますか？

古市　なんだろう……。例えば、女性誌で「三〇日コーデ」とかありますよね。それはもう、明らかに男性のためのものでも、職場の人のためのものでもないですよね。

西森　本当は、古市さんをはじめとした男性に見てもらいたくてしていることかもしれないけれど、そう思われてしまうわけですね？

古市　そう。結局それは誰のためなんだろうとか、すごく思ってしまいます。「モテ」と書いてあるのを見ると、これは誰のために何のために頑張っているんだろう、と……。

だから〝女子力〟というのは、誰のためかわからないような努力を黙々と続け、しかもその努力を人には見せない修行僧のような能力だと思います。

西森　昔はそうやって、スカートとほかのアイテムの組み合わせを毎日変えたり、華やかにしているだけでありがたがってくれる男性がいたんですが……。それこそ、さっき水無田さんがおっしゃっていたように、いまだに変わらずに旧来の女子の価値観が主流になっていて、スカートのコーディネートを毎日変えたほうがいいというのが残っている。

古市　でも、スカートを毎日変えて、一六日目ぐらいにそれの存在意義を疑わないんですか。このスカートは、果たして私にどんなポジティヴな影響を及ぼしてくれるんだ、とか……。

　ところで、今、若い女性にとって、憧れの女性とかタレントとかセレブリティーは誰なんでしょう。

西森　ブロガーじゃないでしょうか。自分に近い存在を同一化するほうが楽しいというか……。タレントに投影するのではなくて、普通の人が階層移動した形が、例えばブロガーみたいな感じがします。自分から離れた存在ではなくて、自己が投影しやすい人のほうが憧れられるのではないでしょうか。

千田　やっぱり組織とかでバリバリやっているような人だと目標にもならない。起業でも、あまりにもガーンとやっていると自分からは遠いから、それこそちょっと身近なところで、読モ（読者モデル）とか……。読モの影響は考えるべきだと思いますよ。

水無田　ありますね。〝読モ的世界〟というか、読モが文化集団というか、**レファレンスグループ**[59]になってしまっているところが大きいですよね。

千田　本当のモデルのようなプロ意識もなく、なんとなく読モとして、おいしいところだけチョロチョロできるかも、という幻想ですけどね。
西森　女性のガツガツしたプロ意識のようものは苦手という男性心理があるし、女子の価値観の中ではイケてる成功者のようでもあるから、読モぐらいがちょうどいいということなのでしょうが、そんな中途半端なことを目指していて、どうなるんだという気もします。
水無田　確かに「**意識高い（笑）**[60]」になってしまったように、女子が特に人生に対して、アグレッシブであることに対する危機意識は強いですね。これはどういうことなのでしょうか。
西森　男性に選ばれないということが大きいですよね。
水無田　でも、実際問題として選ばれないですよね。
西森　例えば、古市さん的には収入が高い人はいいんですよね？
古市　基本的にはそうですね。
　ただ難しいのは、意識と社会制度のギャップですよね。男性でもそういう「意識高い（笑）」とかはあると思うんです。ただ、男性の場合は、意識高いまま総合商社に入ってキャリアアップしていくといったルートがまだ残されています。だけど女性は同じような高い意識を持っていても、そこでルートがないから空転してしまうのかなと思います。

59 レファレンスグループ
人が行動するときは、その人自身の価値観や信念だけでなく、何らかの関係のある、さまざまな社会集団の影響を受けて参考にしているが、そうした社会集団のことをレファレンスグループ（準拠集団）という。

60 意識高い（笑）
学生生活の充実度、就活の進

千田　すごい、フェミニストみたい！

水無田　確かにそうなんですよね。例えば女子会の場で、ひたすら女子向けに〝素敵な私〟をアピールしていくのですが、**自家中毒**[61]を起こしてしまっているような、ある種のせつなさが……。

西森　そうなんですよ。自家中毒というと、女子会の中で素敵な私を高め合うという方向性もあるんですが、今や女子会の中では、自分たちのグループのみんなを出し抜かないように、自虐的なことを言い合ったりして、それぞれが自縛し合うという状態があります。特に上昇志向というのが、女子の中では全然いいことに向かわない感じがします。

古市　でも、その中には、本当は上昇したいと思っている人もいるのではないですか？

西森　無意識の状態でしょうけれど、階層は上昇したいと考えますよね。でも、その上昇志向に一番向いているのが読モかもしれないということに、女子たちは気づいているのかもしれません。

千田　本当に階層上昇したいのであれば、実は中途半端に女子力を高めることではなくて……勉強したほうがいいですよね（笑）。

西森　先ほども話に出てきましたが、歯科衛生士よりも薬剤師になれと

展具合などを喧伝しすぎるあまり、周囲から見ると少々香ばしい存在様態を身にまとっている学生。フランシス・ベーコンならば「市場のイドラ」にとらわれた者、マルティン・ハイデガーならば他者とのおしゃべりの中に頽落しゆく「世人（Das Man）」の現代的表現形式の一種と論じるかもしれない。そんなことはともかく、背景にはSNS隆盛などによる、「接続過剰な日常」が存している。世の常として、まだ何者にもなっていない若者は、何者かになろうともがくものであるが、かつてはその過程を喧伝するツールは与えられていなかったため、こんなに白日にさらされることもなかった。朝井リョウの直木賞受賞作『何者』（新潮社）は、まさにこれが主題。（水無田）

61 自家中毒
はっきりとした原因がないにもかかわらず、おう吐が止まらなくなること。主として子どもに多く見られる症状。本文では、こだわりや美意識に過剰にのめり込み、結果として自分自身にとって有害となってしまっている様子をたとえている。（水無田）

いうことですよね。

千田　「女子力を高めればなんとかなるかも」と思ってしまうのですが、実はそのアグレッシブな女子力というのは引かれていたりとかする。男子が相手に求めるものは「共稼ぎしてほしい」という……これだけ財力を期待されているんですよということを、国立社会保障・人口問題研究所のあのグラフ**（資料11）**を見せるということでしょうか。それでいいのかという問題はありますけれど(笑)。

理想の〝トロフィー・ハズバンド〟像を妄想する

水無田　英語圏だと「トロフィー・ワイフ」という言葉があります。仕事ができてお金もあるエグゼクティブな男性が、「成功のシンボル」として女優あがり、モデルあがりのような、すごく若い美人妻をもらうという……。

西森　プレイガールみたいな(笑)。

水無田　そうそう。まさに人生のトロフィー、ご褒美なのですが……。

一方で、「トロフィー・ハズバンド」はなかなかいないんですよね。女性として女磨きに磨きを重ねてキャリアアップを重ねたら、それに釣り合うトロフィー・ハズバンドが来るかというと……。

西森　それはイケメンのほうの話ですか？
水無田　イケメンで、なおかつ仕事もできて、お金もないといけないわけですよね。
西森　それはやっぱり「トロフィー・ワイフ」より、つかまえることは難しいですよね。
古市　仕事やお金でいえば、上昇志向のある男の人や実業家というのは、今の女の子たちから見て、どうなんでしょうか？
千田　面倒くさそう、と思っているのではないですか(笑)。
西森　例えば女優とかは目端が利くから、昔から、上り調子の職業の人と必ず結婚していますよね。ＩＴ系の男性と結婚したりとか……。
千田　女優もそうですが、もっと目端が利いているのは女子アナだと私は思いますよ。三〇歳ぐらいで頭打ちになるから、それまでに女子アナという肩書を使って、いかにいい人をつかまえるかというゲームをしているわけですよね。
西森　女子アナや女優たちが結婚する相手の職業を見ていると、世の中の動きがわかりますよね。
古市　でも、最近は結婚しないで「一生仕事を続けていきたい」みたいな女子アナも、結構増えていますよね。三〇代半ばぐらいの人で……。
千田　結婚しないというのは、性が自由化したからではないでしょうか。昔は、一生この人とだけしか表向きはセックスしないんだという約束がありましたよね。でも今は、結婚しなければ不倫にもならないし、たとえ結婚していても「まぁ、そういうこともあるよね」ということで、結婚する価値がかなり低くなっている。そして結婚するにあたっての〝性的な魅力〟というものも、もうデフレもいいとこというか……本当に価値が下がっているんだと思います。

水無田　確かに、今日本で進行しているのは〝モテ格差の広がり〟と〝実質的一夫多妻制〟なんですよね。愛人を持つことのコストとリスクが低くなっています。

千田　そう。前は玄人《くろうと》さんを囲っていたわけで、それなりの手当てとかが必要だったのですが、今はかなり自由化もしているから……。

水無田　女性もそれなりに稼いでいますからね。それが**パラサイト・シングル**[62]だったりしたら、たまに食事をおごるぐらいで大丈夫だったりもします。

千田　そういう意味でも結婚のメリットは、本当に減ってしまったと思いますね。

西森　特に男性の側から見ると、相当にメリットが減っています。女性のほうはまだ、男性に選ばれないと、それこそ一人前ではないというような価値観にずっと縛られているから、そのためにだけ結婚したいという人は……どんな結婚でもいいからしたいという人はまだいると思います。でも男性のほうは、女性に選ばれて一人前というようなことが全くないから、自分の資産が減るぐらいなら、結婚しないほうがいいというわけですよね。

千田　男性は、結婚しないほうが自由なんですよ。それにやっぱり、私は声を大にして言いたいのですが、男の人は年をとっても子どもを持てるから、そのあたりは余裕がある……そのうちすればいいかなと思えますよね。

私は、キャリア女性はこれから二極化していくと思っています。早いうちから共稼ぎモデルに転換しているアメリカなどでは、大学の女性の先生がどういう人と結婚しているかというと、自分と同じような大学教授のような人か、大工なんです。すごく多いですよ。

水無田　大工、きましたか(笑)。

古市　どうして大工なんですか？

西森　労働している感じがちゃんとしますよね。階層や育ちが違っても、別の分野だからこそ尊敬ができる労働者という感じがします。

水無田　考えてみたら、大工萌えかも(笑)。

千田　そうでしょう？(笑)

古市　でも、日本で大工にあたるものは何でしょうか。

西森　佐川急便の「**佐川男子**[63]」かもしれないですね。だって私も、本当に佐川男子が荷物を持っているだけで素敵だと思いますから(笑)。

千田　それに近いですね。だから、私の知り合いは「女性の大学の先生は、超エリートか超**ニート**[64]としか結婚しない」というようなことを言っ

62 パラサイト・シングル
学校を卒業したあとも親と同居し、基礎的な生活条件を親に依存している未婚者のこと。社会学者・山田昌弘により提唱された造語、概念。

63 佐川男子
運送会社・佐川急便の男性ドライバーのことで、荷物を配達する彼らの親切で頼もしい姿に好感を持つ女性ファンが急増、ファンブックも出版された。

64 ニート
健康で働ける状態であるのに、働いていない人のこと。「Not in Education,Employment or Training（教育、職業、労働訓練のいずれも行っていない人）」の頭文字をとった語。なお、働いていなくても求職活動をしていれば「失業者」であって、ニートではない。

ていたのですが、これは名言だなと思いましたね。

全員　ニート⁉

千田　まぁ、ニートというのは嘘で（笑）。それなりに自分の食いぶちは稼ぐぐらいに頑張って働いている「佐川男子」とかだと、それこそバッティングしないですよね。やっぱり同じところだとぶつかるでしょう？　似た者同士で、いわゆる同類婚をするか、そうでなかったら、相手の収入をあてにしないで「それぞれが稼ぐんだけど、それぞれ違う世界でいいよね」という……そういう結婚はありかもしれないと思うんです。

座談会・3（166ページ）に続く……。

column

ベルサイユのばら
——ロマンティック・ラブ・イデオロギーの金字塔

千田有紀

『ベルサイユのばら』——それはロマンティック・ラブ・イデオロギーの少女マンガの金字塔。最近、『ベルばら』が四〇周年ということで、さらに巷はわいている。わたしも『池田理代子の世界 ベルサイユのばら40周年+デビュー45周年記念』本はもちろん、『ベルばらミュージアム40周年記念 ベルサイユのばら展 ビジュアルガイドブック』も買ったし、果ては「かるた」も買った。コアなファンが「かるたの説明のアンドレの年齢が一〇歳も間違っている!」と指摘して騒然となるなど、ファンの仲間がいて嬉しい。

この本を手に取った方の中には、「ベルばらぁ? なんじゃそりゃ」と思われるおじさまもいらっしゃるだろうが、世代を超えて愛されている作品なので、知っていると職場の女性との会話もスムーズになると思う。実際、教え子の女子大学生も結構読んでいて、「珍しいね~」と言うと「母から薦められて読みました!」とか、「母があまりに愛しすぎてわたしの名前も『りよこ』になりました」とかいう答えが返ってくる。世代を超えて、女性同士を結び付けている作品なのだ。そもそも『ベルばら』のヒット要因の一つがずっと女性ばかりの宝塚で上演されているということからしても、うかがえなくもないが。

舞台はフランス。後継ぎの男の子が必要な将軍の血筋のジャルジェ家に、末っ子として生まれた女の子のオスカルが主人公の物語。オスカルは、男として育てられるも、マリー・アントワネットの愛人のフェルゼンとの初恋に破れ、平民の幼なじみのアンドレと恋に落ち、階級意識に目覚め、軍隊を率いて平民の味方をして、バスティーユで銃撃されて死亡するというお話である(ざっくりしすぎ)。

この物語の素敵なところは、ロマンティック・ラブ——一生に一度の運命の人と出会い、結ばれる——が完璧に実現されているところ。オスカルがとうとうアンドレと結ばれたのは三三歳のとき。日本中の少女たちを熱狂の渦に巻き込んだという「少女マンガ史初の本格的なベッドシーン」が描かれた。このオスカルの生涯で初めてで最後、一回限りのセックスの次の日、アンドレが死に、翌日さらにオスカルが神に召されてしまう。生涯で一度限りの恋愛どころか、生涯で一回限りのセックス。究極のロマンティック・ラブですね。

ロマンティック・ラブは、「結婚して幸せに暮らしましたとさ(そして子どもを産んで育てて添い遂げました)」というものだが、二人は「夫婦になった」ものの、すぐに死んじゃったので、生活苦にあえぐオスカルとか、アンドレの浮気疑惑とか、子どもの反抗期とか、そういうものを一切合財、想像しなくてもいい。小倉千加子さんが「赤毛のアン」シリーズについて以前書かれていたが、アンシリーズってよく知られている少女時代は面白いのに、本当にそのあとに続くダラダラした夫婦の倦怠期の話は、かったるいったらない（わたしも途中で挫折しました）。そんなものとは無縁で、絶頂期に亡くなる二人。ロマンティック・ラブの軌道はひいたものの、挫折することによって逆説的に完成する物語。

ところでこの物語では、アンドレの影がめちゃくちゃ薄い。アンドレ本人も「お前（＝オスカル）は光、俺は影」って言っているから、薄くても仕方がないといえば仕方ないが、全然、対等な二人の物語ではない。今をときめく漫画家よしながふみさんが提起した「アンドレキモい」問題（よしながさんは、珍しいアンドレファン。名前はわたしが勝手につけました）といってもいいかもしれない。もう本当に少女マンガのヒーローにありえないくらい、アンドレが格好よくないのです。

まずすぐ泣く。感情が高まると一人で泣きながら走っていって地面に寝転んで、草をむしりながら「愛しているのに」と言って泣く。パリでオスカルと一緒のところを暴漢たちに襲われれば、オスカルを守るどころか、足手まといになって、かつての恋敵フェルゼンの手を借りてオスカルに助けられる始末。最後に結ばれるシーンだって、たとえアンドレが「すぎた望みなのか」と身分の違いにいくら悩んでいたとしても、オスカルの側から「妻にしてくれ」と告白してことに及ぶという、少女マンガではあまりない展開である。

でもだからこそ、『ベルばら』はヒットしたとも言えるのではないか。よく聞くのは、「オスカル様も、アンドレなんかとセックスして、女になってしまって残念だった」という読者の声である。実際にマンガの中にも「オスカル様ファンクラブ」のプラカードを持った女性読者たちが、オスカルの結婚相手探しのための舞踏会に乗り込んでいくというシーンすらある。わたし自身も、きりっとしていたオスカルが突然、「アンドレ。そばにいてくれ」などとなよなよしたり、自分でベッドに誘っておきながら「怖い！」とアンドレを突き放そうとするのを見ると、「オスカルって突然、女に『切り替わる』んだなぁ」と思った（今となっては、「三三歳の処女が、『怖い！』という振る舞いは受け入れられるだろうか」としみじみと考えてしまいますが、それはそれで別の話)。

男装の軍人でもあるオスカルという設定は、職業、女としての枠にはめられない生き方とロマンティック・ラブをどう両立させたらいいのかという課題にこたえるためにあるようにも見える。そのときのパートナーは、支配的であってはいけないのでしょう。(作者はオスカルとアントワネット、その愛人のフェルゼンの三人を主人公として作品を描いたらしい。アンドレ、主役に入れてもらっていない!!)

かといってアンドレは、少し前にはやった草食系男子とも違う。オスカルに寄せる思いは熱すぎるほどだし、ここぞという場では、やはり男性(拒否するオスカルに『怖くないから』ときりりと迫るアンドレですが、作者の池田さんによると『素人童貞』(買春経験はあるけれど、素人の女性との経験のない人)という設定だったそう。これには賛否両論の声が寄せられた)。

そもそもオスカルは本当にアンドレに恋をしていたのか、という点においては、ちょっと疑問である。アンドレの裸体を見て、アンドレも男性だったのだとやっと意識するオスカルですが、かなりの奥手です。なによりも貴族であるフェルゼンへの思いを断ち切り、平民であるアンドレと結ばれて、バスティーユが陥落した旗を見ながら「フランス万歳!」と言って死んでいったオスカルにとって、アンドレはオスカルが貴族から平民へと自分の意識を転換させた象徴とも言える。この意味ではアンドレは、フランス革命のために殉ずるオスカルの生き方の素晴らしさを証明するときの、刺身のつまくらいの存在価値しかない。「お前は光、俺は影」と言っていたアンドレは、それでも幸せだったのだろうなあと思います。

論考・3

水無田気流

「玉の輿幻想」と「理想の妻」の変遷
～夢と希望の同床異夢を検証する

はじめに：昭和は遠くなりにけり

桑原さんは、南海産業株式会社の社長である。大阪から電車で一時間ほど、人口約一〇万人の城下町での名門企業だが、毎日やっていることはといえば、社員との無駄話。目下の一大関心事は、社員の結婚式の仲人である。暇さえあれば、社員同士がくっつかないかと手ぐすね引いて待っている。一番の「オールドミス」は三六歳の桜井さんで、彼女ばかりは結婚相手の世話に失敗したが、それ以外首尾は上々。何より恐いのは、妻である。社員の妻たちの総元締めにもなっており、一度社員たちの発案でボーナスを二割増しにし、その分を妻に内緒でヘソクリにしたいと懇願されたが、夫人に嗅ぎつけられあえなく頓挫した。

だがこの夫人、恐いばかりではなく懐が深いしっかり者でもある。先代社長が不運にも職を追われたのち脳溢血で倒れたら、その娘さんが経営し始めた美容院を喜んで手伝う。かつて夫がクビになりかけたところを救ってくれた先代社長への、せめてもの恩義だというのである。そんな昔の恩も忘れ、夫人が家を空けると文句たらたらの桑原社長を夫人は逆に一喝し、次第に社員の妻たちも動員し、いつの間にか美容院を一大サロンのようにしてしまう。その男気あふれる義理堅さといい、天性のリーダーシップといい、押しの強さといい、美貌といい、どう見ても桑原社長よりも器が大きく社長向き。凡庸な夫を叱咤しつつ、足りないところはきっちりフォローする姿が頼もしい。

恐妻家の桑原さんは、妻以外の女性と交際したこともない。むろん、関心がないわけではなく、美人には大いに鼻の下を伸ばすたちである。一度だけ、高級バーのマダムと浮気旅行を計画したことがある。だが、どうもマダムが、色仕掛けで社長から巨額の借金をして踏み倒す計画だと感づいた経理課や秘書課の社員が、旅行の手配を頼まれるも「マダムとは奥様のことかと思いました」と勘違いのふりをして、社長夫人を旅先の温泉旅館に送り込む。何も知らない夫人は、夫にサプライズで温泉旅行をプレゼントされたと思って大喜び。社員たちも一安心、夫人も幸せ。残念なのは社長ばかりなり……。

これは、源氏鶏太の大ヒットサラリーマン小説『三等重役』である。一九五一年から五二年まで、『サンデー毎日』に掲載され、同年、森繁久彌主演で映画化もされた。「三等重役」とは、創業者一族でもオーナーでもなく、また取り立てて有能なわけでもないのに、なぜか社長になってしまった桑原社長のような人物を意味する造語であったが、一気に浸透した。特筆すべきは、本作品が書かれた時期はまだ高度成長期前夜であり、日本の就業者の半数近くは農林漁業など第一次産業従事者であった時期に、小規模な城下町で特に何かエッジの立った事業を行っているとは思えない会社の社長が、「何となく」ボーナスを二割増しにしたりできるという点である。戦後間もなくという事情を反映してか、若い女性社員は「アプレガール」だし、前社長は「パージ」されたりといったくだりも描かれるが、それでものどかな城下町は、サラリーマンのパラダイスであった。

「サラリーマンは気楽な稼業ときたもんだ」のテーマソングで有名な、植木等主演『ニッポン無責任時代』の上映が一〇年後の一九六二年であるから、この「無能でもそこそこ幸せに稼ぐサラリーマン」像の源流は、源氏をはじめとするサラリーマン小説だといえる。一九五七年にはフランク永井が「13800円」を歌い、ヒットした。これは大卒初任給の平均金額である。歌われている労働を想起させる単語は、「もっこ」「つるっぱし」「トラック」であり、建設業・製造業が隆盛する雰囲気を感じさせる。二連目で、「13800円あればぜいたくを言わなければ嫁をもらえる」と歌っており、三連目、四連目は家族についての夢と希望である。

明日は日曜　お弁当持って

坊や行こうぜ　動物園
ママもお猿を　見たいとさ
一家だんらん　１３８００円
笑って暮らせば
笑って暮らせば　何とかなるさ

クイズ解こうか　ラジオを聞こか
親子三人　手をつなぎゃ
夢も結構　わいてくる
これが浮世さ　１３８００円
泣きごと言うのは
泣きごと言うのは　止そうじゃないか

労働・余暇・家庭生活の三位一体となった「昭和的世界観」を感じさせる歌詞である。つつましい生活ながら、明るい家庭。だが、それを下支えしているものは、何といっても安定した雇用と年々上昇が見込まれる賃金だろう。この時期の日本は、経済成長と階層平準化が同時に進行した時期であった。「今」手が届かないものも、来年、再来年には買える可能性が高い。その「希望」は、日本という国全体の大幅な経済成長を前提としていた。

まさに、「成長・希望・幸福」の三位一体時代である。

幸福な「玉の輿幻想」時代

高度成長期の「幸福」は、奇跡のようなバランスで成立していた。それは幾重にも折り畳まれた「箱庭王国日本」――拙書『平成幸福論ノート』（光文社新書、二〇一一年）で、私は高度成長期の日本をそう呼んだ――を前提としていた。護送船団方式という「脱落者を出さない」システム内で、系列企業は助け合い、とりわけ金融機関は手厚く保護されてきた。また、企業の正規雇用者は「終身雇用」「年功序列賃金」などの恩恵を受け、その職業人生をほぼ一つの会社のメンバーとして過ごした。その家族もまた、箱庭内部に組み込まれていた。被雇用者の妻は専業主婦として家事、育児、介護などの無償労働に従事し、夫を全面的にバックアップした。

特筆すべきは、この時期女性にとって、結婚とは生活水準向上の意味合いが強かった点である。ただこれは、自らの出自よりも階層が上位の相手と結婚できる女性が増加したことを意味しない。それにもかかわらず、なぜ、多くの女性は高度成長期に玉の輿幻想を夢見ることができたのか。ここで、日本女性にとっての結婚の意味の変化を、簡単に見ておきたい。

戦前までの日本は、農林漁業などの第一次産業従事者が就業者の半数を占めており、家業従事者も多かった。一方、被雇用者世帯は戦後間もない一九五〇年代には四割に満たなかったが、九〇年には七割近くなる。被雇用者に関して言えば、戦前までいわゆるホワイトカラーは、まだまだエリート層を意味していた。いわゆる「俸給取り」と呼ばれる官吏や銀行員などの世帯では、妻は専業主婦となり女中を雇用するのが一般的であった。これに対し庶民は、「職工」と呼ばれる工場労働者層が多数派を占めていた。このような層の男性が「一家の大黒柱」たりえるようになってきたのも、ようやく昭和に入ってからである。

周知のように、性別分業を可能にするのは、「一家の大黒柱」の男性が、片働きで妻子を養うという「家族賃金（family fortunes）」である。これが成立するためには、おおまかに言って「夫の収入÷実支出≧一」の給与水準に達する必要がある。内閣統計局の「家計調査」等から工場労働者世帯の家計にこれを当てはめると、明治後半にはこの数値は約〇・八、大正期には約〇・九となる。むろん男性一人の稼ぎでは家計維持が困難であり、妻は、同じく工場労働に従事するか、内職に勤《いそ》しむのが一般的であった。これが昭和初期にようやく一を超え始めるが、決して裕福とはいえない。都市部の被雇用者の妻で「専業主婦」でいられるのは、戦前までは実質的にエリート層であったことがうかがわれる（千本暁子「日本における性別役割分業の形成―家計調査をとおして」荻野美穂ほか『制度としての〈女〉

性・産・家族の比較社会史』平凡社、一九九〇年)。

だが、性別分業意識のほうは、明治期すでに「良妻賢母」推奨の気運のもと、理想の生活スタイルとして庶民に浸透していった。要約すれば、明治後期から大正期に都市部のホワイトカラー世帯の間で、「夫が一家の扶養者で妻は被扶養者」であり「通勤雇用者の夫と専業主婦の妻から成る家族」という形態が成立した。これが憧れの家族形態として工場労働者や都市下層の一部まで意識の上で波及した。さらに昭和初期には、「男性片働きモデル」が都市部の工場労働者層にも可能となり、性別分業が浸透した。もっともその間も、農業従事者や家業従事者世帯の生活は変わらず、女性は嫁げば農作業などの労働力として期待された。これらが一気に変化したのは、高度成長期に入ってからである。

つまり戦後庶民の女性にとって、「専業主婦」たることは、戦前は決して手が届かなかった「憧れのエリート層の妻の生活」を模倣することを意味する。それは女性たちに「家事と家計責任の二重負担からの解放」をもたらした。高度成長期に結婚した女性の母親世代は、その多くが農業や小商いなどの生産労働に従事していた。だが産業構成比は大きく変化し、男性の「サラリーマン化」が進展し、配偶者たる女性たちの一般的な結婚像は、戦後「農家の嫁モデル」から「サラリーマンの妻モデル」へと大きく変化した。

多くの女性たちは、結婚で飛び抜けて階層が上昇するわけではなかった。だが、母親世代が担ってきた農作業などの重労働から解放された点は大きかった。また都市部の核家族世帯であれば、当面の間「嫁」として舅姑の日常生活の世話を見る必要もない。この生活スタイルの変化は、実質的に女性の負担減を意味した。

経済的には、夫が普通に勤労さえしていれば日本社会はどんどん豊かになり、生活実感もそれに伴って豊かになった。戦前のように女中を雇う余裕などなくとも、電化製品等の普及により家事労働も楽になった。これらを総合的に考えれば、少なくとも母親世代より自分はずっと「豊か」になったと考える女性は多かっただろう。この時期、平均的な女性の結婚への期待値は現在よりずっと低く、そして結婚から得る効用は非常に高かったことが推測される。

これに対し、現在の若年女性を考えれば、まず母親世代に比べて結婚による生活水準向上の実感は乏しいだろう。現在の二〇代は一九八〇～九〇年代生まれだが、この時期日本は階層の固定化傾向が指摘されている。世代間の社会移動も頭打ちとなり、かつてのように農業従事者の子どもがホワイトカラーになるような劇的な変化は少なくなった。また、一九八六年の男女雇用機会均等法施行をはじめ、この時期は女性のライフコースの多様化が指摘される。だがその「多様化」の根源は、要約すれば女性の「子どもを産まない自由」の容認を意味する。

かつて女性は、「子どもを産んでこそ一人前」とされ、出産のためには結婚が必要十分条件であり、かつ育児と就業を継続する方途は極めて乏しかった。社会は、確かにこの時期、女性が「個人」として生きることについて寛容になった。それは、女性のライフコースが、必ずしも母役割・妻役割にのみ収斂《しゅうれん》される必要はない、ということを意味していた。ただし、ひとたび出産を選択すれば、選択肢は一気に狭められた。出産するからには、既存の「よき家庭」規範に収まらねばならず、そこで「よき母」たらざるをえなかったのである。

出産・育児言説には、その文化集団が持つ最も保守的な部分が凝縮して表現される。まさに、「子どものために」という錦の御旗《みはた》は、女性のライフコース多様化が限定的なものであったことを示唆する。私見では、今なお日本の女性は「子どもを産む権利」を掌中にしてはいない。この国は、女性に対し限定的な自由を提示してきた。それが、多くの女性の選択を惑わせてきた。惑わぬ者は、元から保守的な志向性を持つ層であり、喜んで旧来の妻役割・母役割を選択した。

ゆえに、一九八〇年代後半以降生まれの世代は、恐らくそれ以前よりも「保守的な家庭」育ちの割合が高いものと推測できる。例えば今、二〇代の女性の専業主婦志向は三〇～五〇代よりも高く、六〇代に近くなってきている。これは、若年女性の保守化とされるが、それは事実の半分でしかない。彼女たち二〇代女性が生まれた時期、「母として」よりも「私として」生きることを選択した女性は、次世代再生産を静かに諦めていった。むろん、「必ずしも産まなくていい時代」は、「とにかく産むべき時代」より女性にとって自由であろう。ただこの時期、女性は静かに次世代再生産から退出した層と、積極的に参加した層に二極化していった。ゆえに昨今の二〇代は、急激に保守的になったというよりは、もともと保守的な層が再生産されていると考えたほうがよいのではあるまいか。

問題は、この保守的な価値観を持つ層の「二〇一〇年代型玉の輿幻想」である。若年層から見れば、豊かな家庭生活・消費生活は、獲得されるものではなく、すでに常にそこにあるものにほかならない。とりわけ女性は、自分の父親が家族にしてくれたことを「標準」とみなす。それゆえ、「結婚したら専業主婦になって、マイホーム・マイカーは所有して当たり前」というような生活感は、ごく「普通」なものと考えるだろう。

近ごろは「平均的な年収」「平凡な外見」「平穏な性格」の「三平」が好みの「三平女子」が増加、などと言われているが、その場合の「平均」とは、自分が育った家庭の生活水準が基盤であろう。だが、専業主婦と子ども二人程度を養い、郊外にマイホームやマイカーを所有できる程度の「平均的所得」を見込める若年男性層は、近年減少してきている。例えば「収入階級別雇用者構成」によると、所得を中央値で見た場合、三〇代男性はここ一〇年で約二〇〇万円年収が減っているとの指摘もあり、「民間給与実態」で見ても、平均所得はピーク時の一九九〇年代半ばに比して一〇〇万円ほど減っている。

すでに被雇用者世帯でも専業主婦のいる世帯を共働き世帯が二〇〇万世帯以上上回っており（21ページ「資料５」参照）、今後も女性による家計補助の必要性は高まることが予期される。今後は共働きを前提に家族の生活設計を行う必要があるが、内閣府データでも近年は性別分業肯定意識の高まりが指摘されるなど、客観的事実に対し「普通の家族観」は逆行している。

「普通」は頑固で、しぶとい。自明視されるがゆえにあえて問われないものこそが、この国の大勢を占めている。三平女子は、実は無自覚な玉の輿幻想保持者が多数含まれているのではないか。もし読者諸兄の恋人や妻が「普通の結婚生活でいいの」と語ったら、その「普通」の中身をきちんと検証されることをお勧めする。

「嫁」から「妻」へのキャラチェンジ

高度成長期に女性の間で定着した、「結婚による生活水準向上」は、結婚への期待値を高止まりにした。いつの間にかそれは「常識」となっていった。戦後日本では、民主化に伴い男女両性の合意が婚姻の条件とされたが、その一方で家計責任はむしろ男性に偏重した家族形態が一般化した。今日まで続く、男女間の「建前上の平等」と「経済的な不平等」の下地は、ここにも起因している。そこには、日本型近代家族独自の要素も内包されていた。

西欧社会では、近代化が「性別分業前提の近代家族」を構成単位としていることが批判され、そこから女性個人の解放が目指された。だが日本では、先述したように戦後の産業構成比の変化と民主化が一気に訪れた。その結果、性別分業に基づく家庭責任への従事（＝「妻」役割の受容）が、既存の農村社会の親族共同体における女性の立場（＝家父長制度に基づく「嫁」役割）からの解放を意味した。そこには、女性が個人として男性と対峙する余地は乏しかった。

あえて言えば、日本の女性は、戦前の「嫁」から戦後の「妻」へと役割の衣替え（キャラチェンジ）を行ったにすぎなかったのである。日本社会の「カップル文化」不在は、これにも起因している。夫婦の「親密な関係性」（A・ギデンズ）は、西欧においては排他的・永続的な「純粋な関係性」を眼目とした。だが、日本社会では、そもそも女性は個人として男性と向き合う過程を経ずに、妻役割へと速やかに移行した。男女が個人化されることなく親密な関係性と戦後の民主家族制に合致したパートナーシップが模索された結果、そのモデルは既存の家族関係へと収斂した。端的に言えば、戦前は「夫に娘のように従順に仕える嫁」が理想とされ、戦後は「母のように男性を甘えさせる妻」が称揚されたのである。

例えば、中尾香は女性のオピニオン誌である『婦人公論』において、一九五〇年代から七〇年代にかけ、しきりに「女性に甘える男性像」が描かれたと指摘した（中尾香『〈進歩的主婦〉を生きる　戦後『婦人公論』のエスノグラフィー』作品社、二〇〇九年）。「はじめに」で述べた

『三等重役』は、まさにその「妻に甘えるサラリーマン像」の先陣を切った作品でもあった。作者の源氏鶏太は、同誌一九五一年一二月号で、サラリーマンの妻は「世話女房になっていただきたい」「奥様は掌の上だけで威張らせて」あげることを盛んに主張している。同誌には、錚々たる男性文士たちが、一様に女性に「男の甘えを容認すべし」との論旨を展開した。中尾の引用箇所だけでも、当代一流の紳士たちが、みな矜持を持って「我を甘えさせるべし」と威風堂々語っている様が、何とも滑稽である。例えば、次のとおり。

「母なる大地の広く巨きな抱擁力は、男という大きな子供を、それとは気づかせないで、あやし、まるめこみ、頭を撫で、飴をしゃぶらせ、手玉にとった」（田中千禾夫、一九五五年九月号）。

「男はまず母親に甘え、姉妹に甘え、そして結婚すれば妻に甘える。男が女に求める最大のものは、どのような自分をも、大きく包んでくれる海のような広くて深い愛情である。男が女の存在に常々感謝しているのは、このような没我的な愛情は女にしか求めることができないからである。これは恥ずべきことであろうか」（河盛好蔵、一九五六年七月号）

この河盛の発言が反語で終わっているのは、女性読者への同意を、半ば懇願しているようにも読めてくる。また、伊藤整の次の意見は、極めて典型的な女性による男性の欠点容認＝甘え肯定論である。

「男はそれぞれ、だらしないとか、ホラフキとか、ケチンボとかいう癖を発揮しながらその特色を伸ばして仕事をするのです。その癖を厳しくおさえて、理想的な家庭的男性に作り直すと、男は力を失ってだめになります」。そして、そんな夫の欠点を把握しつつ、妻たるものは「他人の前でうまく言いつくろうのが奥様の才能というものではないでしょうか」。

女性は男性の欠点のフォローを、進んで引き受けるべし。これは、戦後の理想的妻像の欠くべからざる要素であったようだ。また女性たちからも、いわゆる「企業戦士」として経済成長に邁進していく男性たちを喜んでケアする妻像が称揚された。

「女性はお母さんみたいに偉いのだから、育くんであげてもいいではありませんか」「怒りっぽい男性、威張る男性、これがみんな弱いことの見本です」（三宅艶子、一九五八年七月号）。この三宅のエッセイのタイトルは、なんと「男性飼育法」。女性を「上から目線」にさせるべく書かれたエッセイとも言える。だが実態を想像すると、いささかもの悲しい。「女性に威張り散らす男」とは、封建的な男尊女卑思想を持つ高圧的な男性にほかならない。その高圧的な態度を、女性のほうで「弱さ」とあえて読み替えてあげて、受容すべしとの示唆なのである。

戦後、女性の教育水準も向上し、時間と教養も獲得した女性たち。だが、女性が就業継続しうる職場は乏しく、実質的に男性とのパートナーシップを通じた以外の社会参加の道もほぼ閉ざされていた。彼女たちの溜飲を下げ、自主的に男性のケアをさせるためには、このような「意図的につくられた同床異夢装置」が必要であったに違いない。

なぜそれにしても、男性は盛んに女性に甘えを乞うたのか。おそらくそれは、敗戦トラウマからの癒しを要したからと推測される。このことを示唆させるのは、次の意見である。「母が妻にかわっても、男が家庭に求めるのは、そういうやさしさなのだ。男の一生は敗北と恥辱の歴史なので、家庭で心の傷をなおさないと、仕事に立ちむかう勇気がでてこないのである」(三浦朱門、一九六六年九月号)。

むろんこの場合の敗北と恥辱とは、直接的には日常的な仕事上の軋轢《あつれき》や葛藤を示すものだろう。だがその背後にあるものは、敗戦トラウマではなかったか。戦後、敗戦国の汚辱をすすぐため経済成長に邁進するために、多くの企業戦士たちは、時にみずからが敗北した当のアメリカ以下戦勝国への媚びへつらいも必要とされたことであろう。

日本の男性は、何か社会全体が巨大なトラウマを抱えると、母性への回帰による甘えと癒しを要請するところがある。そういえば、バブル崩壊後の景気低迷がいよいよ本格化した一九九〇年代半ば、母胎回帰がモチーフとなったアニメ「新世紀エヴァンゲリオン」がブームとなり、飯島直子以下「癒し系アイドル」もブレイクした。

私見では、男性が個人的に女性に癒しや甘えを求めること自体が問題なのではない。そのような「癒し系」属性こそがすべての女性の第一義的な特性とされ、その結果女性の個性が剝奪され、公的・私的領域を問わず男性と女性が共在する場で、暗黙の了解として期待されてしまうことが問題なのである。このことは、例えば職場における女性の「職場の潤滑油」役割期待など、いわゆる「感情労働」(A・ホックシールド)の過重負担をもたらす。癒し系女性が盛んに称揚されたこの時期、「東電OL殺人事件」が起こったのは果たして偶然だろうか。優秀なエコノミストでありながら、女性として期待される感情労働が不得手な彼女は、その自我の深い部分まで病んでいったことは想像に難くない。

玉の輿より逆玉の輿

「甘える男性」容認説台頭は、別の角度からもその原因が指摘できる。一般に結婚は女性にとってこそ「玉の輿」、つまり階層上昇手段とされている。これは女性が男性と比べ、相対的に学歴や就業などによって高い社会的資源にアクセスする道が狭められていることにも起因する。ゆえに、「女性の階層上昇の『王道』は自分より上位階層の男性との結婚(=玉の輿)である」との認識が浸透している。この認識は、女性が幸福になるために投入したコストが、それに見合う成果を得られるかどうかの問題と関係している。一方、高学歴や高い地位は、「女の幸せ」を遠ざける、との世間一般の認識が根強いのはなぜか。

それは、①今なお男性は下方婚志向が強く、自分より年齢や学歴、社会的地位が低い女性を結婚相手に選ぶ傾向がある。②高学歴や高い社会的地位を身に着けるには相応のコスト（お金と時間と努力）が必要だが、女性は今なお出産・育児と就業継続が困難など、みずからの就業によって相応の成果がもたらされる道は険しい。③①②の理由から、女性はみずからが高い資源（高学歴・地位・所得）を身に着ける努力よりも、男性に選ばれる価値を高めることのほうが、投入したコストを「回収」できる可能性がある。といったものであろう。

だが、果たしてこれは本当であろうか。本書『女子会2・0』座談会でも指摘したように、近年は同類婚志向が高まりを見せている。夫婦の学歴や職業水準は同水準である場合が多くなっている。高卒は高卒同士、大卒は大卒同士の夫婦が最も多い。さらに大学の難易度から見てみると、早慶卒の既婚女性の六割は早慶卒の男性と結婚しており（橘木俊詔・迫田さやか『夫婦格差社会』中公新書、二〇一三年）、東大卒の既婚女性も時期にもよるが七〜八割が東大卒の男性と結婚している（森剛志・小林淑恵『日本のお金持ち妻研究』東洋経済新報社、二〇〇八年）。

職業水準の組み合わせで見ても、同水準の者同士が結婚しており、高水準職業（職務の遂行が複雑で高い教育や技能を必要とする職業、専門職や管理職）と低水準職業（比較的単純な作業で高い教育や技能を必要としないとされる職業、保安職、農林漁業職、運輸・通信職、生産工程・労務職）の組み合わせは少ない。例えば高水準職の代表である医師の既婚女性は七割が男性医師と結婚しており、東大・京大の女性研究者も過半数が同業者と結婚しているなど、職業属性・階層も同程度の夫婦が増加している（橘木・迫田、前掲書）。つまり、高学歴・高所得の男性と結婚したければ、みずからが同属性となることが最も適切な手段といえる。

さらに驚くべきことに、日本ではそもそも「玉の輿」自体が女性よりも男性のための階層上昇手段であった、という報告もある。年間納税額一〇〇〇万円以上（年収は平均三〇〇〇万円以上）の人々への調査で、婚姻前の夫と妻の出身階層を尋ねたところ、なんと妻の実家のほうが上位階層に当たる組み合わせが多かったのだ（森・小林、前掲書）。同調査では、妻の実家のほうが経済的にも裕福であり、妻の父親のほうが夫の父親よりも大卒者の率が高い。高所得層は年齢層も高く五〇～六〇代がメインとなっているが、この世代はまさに高度成長期に結婚した層である。

日本全体が豊かになりゆく最中、努力して高学歴を身に着け、就職した男性たちは、恐らく同族経営の会社であれば結婚によって経営者一族に迎えられる、あるいは見どころがあると見込まれ重役のご令嬢をもらう、といった「逆玉の輿」によって出世街道を盤石にしたであろうことは想像に難くない。

『三等重役』の世界でも、上役になるほど妻たちは夫よりも威張っているし、趣味も高級である。夫たちがつましく横丁で呑んでいるのを見て、「なんて汚らしいところで呑んでいるのかしら！」と眉を顰《ひそ》めたりもする。これも、彼女たちはもともと夫より出身階層も高く、そして夫の現在ある地位は結婚の賜物、と考えれば納得できる。上流層男性に恐妻家が多い、などというのは「都市伝説」ではなく、このような背景があったから、とも考えられるのだ。日本の上流層は、「逆玉の輿」こそが多数派だったのである。それゆえ、上流層ほど、「夫を甘えさせて、掌の上で遊ばせて」あげているのだというプライドが、妻を支えていたのかもしれない。

むすびにかえて

昭和から今日までの、「玉の輿」と「理想の妻」幻想を読み解くと、実に時代ごとの社会の矛盾を埋め合わせる役割を担っていることが看取される。幻想は、人が希望をもって生きるために必要な「社会と個人の心性の膠《にかわ》」かもしれない。それゆえ、幻想を解体する視座は「世間」と衝突しがちである。してみれば、「世間」とは幻想を実体化する装置であり、多くの人の夢と希望と野望を矛盾もそのままに内包するものであろう。

希望が現実と齟齬なく、人々の生きる力となるならば、特に問題はないだろう。だが現在では、多くの幻想が人々を苦しめているように見えてならない。それは、高度成長期に急ごしらえでつくられたものだからだ。急速な経済成長を推し進めるため、日本社会は多くの要素を合理化した。だが、合理化しえないものはその矛盾を内包する緩衝材として取り残された。家族、とりわけ女性への役割期待は、その緩衝材そのものである。

本『女子会2・0』オブザーバーの古市憲寿氏は、「家庭なんてルンバとセコムにでも守ってもらえばいい」と述べたが、蓋《けだ》し名言である。早くも私の中の「二〇一三年名言」に指定させてもらいたいと思う。だが、なぜこれがなかなか実現できないのか。それは、女性にとって家事と家庭責任が一体化し、もはや人格や魂の質を問われるレベルになってきているからではないのか。

日本社会は、問題を分類し、モジュール化し、解決することが苦手な気質をもつ。それはちょうど、職場が「ジョブとメンバーシップの一体化」（常見陽平）を見せているのと同根である。家事や育児が、それぞれ必要に応じてモジュール化できれば済む問題が、今なお女性個人の「妻として・母としての責任問題」に問われてしまう。また、筆者のような世間から下方にはみ出した者がこのように論じた場合、多くの人は「理解」できたにしても「実践」は難しい。

そうはいっても、やっぱり。

子どもを産み育てる中で、何度声にならないこの言葉を、感受したかわからない。日本人は、言説化する以前の「普通」の感覚に、咄嗟に従ってしまいがちなのである。それがたとえ、幻想であったにしても。産業構成比の変化や家計補助の必要性から、昨今の日本女性はどんどん社会に「進出」してきた。あるいは「押し出されて」きた。それが現実であるならば、今こそ現実に合わせて、「幻想の普通」を内破する必要がある。

論考・4

あなたの「ロールモデル」は？

～生き方が細分化する時代の〝お手本〟像

西森路代

女性の生き方を考えるとき、「ロールモデル」という言葉がよく聞かれます。ロールモデルとは、「行動や考えの規範となる人物」のことを指します。以前ならば著名な人や誰もが知っている人を挙げることが多かった気がしますが、昨今では、職場やコミュニティ内などの、身近で、こうなりたいと思う人のことを指すことも多く、自分に直接指導、助言してくれる存在である「メンター」や、「お手本」、「目標」と同義で使われているのも見かけます。

また、自分ではこれがロールモデルと思っているわけでなくても、知らず知らずのうちに影響を受けている物語や人というものもあるのではないかと思います。でも、こうなりたいという存在であるロールモデルは、実際には見つけにくいのが現状ではないでしょうか。

そこで、ファッションやメディアの流行、話題の人物など、時代ごとの具体的なコンテンツを見ながら、「ロールモデル」と女性の生き方の変遷を検証してみたいと思います。

オシャレなライフスタイルにはもはや憧れない

最近、日本のドラマが久々に、友人との共通の話題として返り咲いた気がします。でも、ドラマの世界に単純に憧れられるか？　というと、それとこれとは別の問題です。「最高の離婚」（フジテレビ系、二〇一三年）は視聴者を夢中にさせたけれど、登場人物みたいな暮らしをしたいと思わせる物語ではなく、むしろ、「ああ、こんなことってあるある」、「すっごくリアルだ」という共感で人気となった作品でしょう。また、スペシャルドラマが放送された「リッチマン、プアウーマン」（フジテレビ系、二〇一二年）は、同時代的な要素も取り入れられてはいますが、舞台がＩＴ業界であり、一般的には身近でないことと、王道のラブストーリーであるために、やっぱりドラマの世界に素直に憧れるという人はそんなにいないのではないでしょうか。昨今のドラマは、憧れを抱かせるよりも、ダメな部分をしっかり描くほうが、人気の作品になる可能性が高くなっています。

では、かつての日本では、同様に、ドラマや物語の価値観に憧れを抱かなかったのでしょうか。

最近、一九八八年に放送されていた浅野温子、浅野ゆう子主演のドラマ「抱きしめたい！」（フジテレビ系）が、二〇一三年の秋にスペシャルドラマとして制作されることが報じられました。復活にあたり、プロデューサーの栗原美和子氏は「W《ダブル》浅野は当時ファッションリーダーにとどまらず、ライフスタイルなどすべての女性にとってのリーダー的存在で、社会現象になっていました。男女雇用機会均等法が施行された翌々年から放送が開始され、女性が輝いて生きていこうよということを、世の中の女性の代表としてW浅野の二人が見せてくれた作品ではないか」と語っています。

「リーダー的」と書いてあるように、確かに当時の二人は、ロールモデル的な役割を担っていました。私の覚えているかぎりでは、『JJ』（光文社）などの「赤文字系」と呼ばれる雑誌で軒並み表紙を飾り、二人のファッションや髪形をまねる人が後を絶ちませんでした。

二五年前の日本は、まだまだ高度経済成長期から続く上り調子の真っ只中でした。でも、文化的には発展の途中で、現在よりも成熟、洗練はされておらず、選択肢が思っていたよりもずっと少なかったので、テレビドラマから得る情報は貴重でした。そのため、W浅野が見せるライフスタイルを、ストレートに憧れとしてとらえることができたのです。

今でこそ、女子大生のファッション一つとっても、さまざまなカテゴリーがある時代ですが、当時の大学生、OLのファッションや髪形はほぼ一択。ソバージュかワンレンで、服はボディコンかコンサバ、読む雑誌は『JJ』などの赤文字系か、『non-no』（集英社）、『MORE』（同）、『with』（講談社）くらいのものでした。

私はバブルの終焉とほぼ同時に女子大生になりましたが、当時暮らしていた四国のような地方には、数年間ほどバブルの残り香がありました。女子大生になったとき、自分には赤文字系のマインドがないにもかかわらず、読む雑誌も着る服も赤文字系以外のものがないのです。高校生のときに好きだった雑誌『Ｏｌｉｖｅ』（マガジンハウス）を読みたいものの、大学生が読むのは憚られました。当時は、高校生は高校生らしく、大学生は大学生らしくという規範が今より強かったからでしょう。さらに言うと、高校生のときだって、オシャレ上級者でなければ、あの『Ｏｌｉｖｅ』の世界を完璧に再現するのは難しく、そしてやはり、あんな服は四国には売っていなかったのです。結局、大学生の間はどんなに頑張っても、準ボディコン、エセコンサバ風のファッションしかできませんでした。

それでも、一九八九年に『ＣＵＴｉＥ』（宝島社）が創刊され、赤文字系ではない個性的な女の子を救ってくれました。ところが、全身『ＣＵＴｉＥ』系で固めて大学に通っていた友人は信念を持っていてかっこよかったものの、かなり浮いている状態でした。多数派でない個性的なファッションを貫くことには、覚悟が必要だったのです。

では、多数派はどんな格好をしていたかというと、鈴木保奈美がドラマ「東京ラブストーリー」（フジテレビ系、一九九一年）で着ていた紺のブレザーがファッション誌でも大々的に取り上げられ、大学のほとんどの女子が「紺ブレ」を着ていました。今では、テレビドラマのスタイルをそのまままみんながまねをするなんて考えられないことかと思います。

また、当時は、現在のようにインターネットもないため、海外の情報を仕入れるのは雑誌かテレビやラジオなどが主でした。そのため、アメリカの情報をいち早く取り入れるだけで、トレンドの先端にいられたたし、ファッションリーダーになることもできたのです。

同時に、東京で働くいわゆる「ギョーカイ」の女性の流行を一足先に取り入れ、そのライフスタイルをテレビドラマや雑誌で見せるだけで、「こんな世界があるのか！」と全国の視聴者や読者が素直に驚き、憧れることができたのです。前出の「抱きしめたい！」でも、第一話の冒頭には、五〇〇ミリリットルの牛乳パックほどもある携帯電話を使用している浅野温子がいきなり登場します。今ではコントのワンシーンの小道具のように見える大きな電話でも、当時はステイタスであり、携帯電話を持っている、イコール花形で流行の最先端の職業に就いていることを示していました。

携帯電話と同じように、外車、ブランド品、電車では行けない場所（ヨットハーバーなど）にあるレストランなども、ステイタスとして描かれました。最新のスポットやアイテムは、今やそこまで敷居の高いものではなく、誰でも立ち入ることができるし、比較的簡単に手に入れることができるのではないでしょうか。もっと言えば、頑張ってオシャレなスポットを出せば出すほど、嘘くさいし、恥ずかしいし、まねしたくない！　と思う人も多くなっているのが現代ではないかと思います。

前出の「最高の離婚」でロケ地に選ばれた東京・中目黒も、最先端のオシャレなスポットとしてではなく、単なる近所の風景として描かれていました。「別に中目黒だから住んでいるんじゃなくて、住んでいるところがたまたま中目黒だったんだよ」とでも言いたげです。押しつけがましさがなかったからこそ、今、中目黒はドラマを見た人であふれかえっているそうです。

木村拓哉が二〇〇一年のドラマ「HERO」（フジテレビ系）で着ていた、ダウンジャケットが若者の間で流行したのを最後に、ドラマの中で着ていたアイテムが大流行するなんてことはほとんどなくなりました。その後も、ドラマの中のアイテムを流行させようと、見え見えの仕掛けをした企画もあったようですが、成功はしていないようです。

このように、かつてのドラマが示したようなライフスタイルは、その影響力を徐々に失い、現在のドラマでは、日々消費される「ネタ」の一つに成り下がってしまいました。そして、「これ、いいでしょう?」と無理やり上から押しつけられるものに、人々はあまり簡単にはなびかなくなりました。だからこそ、人々が憧れ、そうありたいと願うロールモデルも、メディア主導では生まれにくくなっている現実があるのかもしれません。

「自分が見つけた!」消費へ

バブル期以降に登場したのは、ロスト・ジェネレーション（ロスジェネ）や団塊ジュニアと呼ばれる人たちでした。この年代の人々は、バブル景気にも乗りきれずに学生生活を過ごし、いざ卒業となったら就職氷河期だったため、あまり浮かれた感覚がないのが特徴です。精神科医の香山リカによって「貧乏クジ世代」と名付けられました。

バブル時代を謳歌した人が、とにかく新しいものや、誰が見ても高価だとわかるブランドものや車などを消費しようとしていた世代だとするなら、ロスジェネ世代は、メジャーでないものの中から「自分で見つけた!」と思えるものを消費することこそがかっこい い、と考えた集団だと言えるでしょう。メジャーでないものに触れられるということは、単純に選択肢が増えたということでもあります。もちろん、ロスジェネ期以前にもそんな「自分で見つけた!」と思えるものにハマる人がいるにはいたでしょう。でも、ロスジェネ世代は、メジャーなテレビドラマや音楽から離れ、「自分で見つけた!」と思える音楽や映画を比較的多くの人が消費できるようになった〝最初〟の集団なのです。

一九九〇年代半ば以降、輸入レコード店やミニシアターが首都圏を中心に増え、アメリカというよりも、むしろヨーロッパやアジアなどの小規模な映画や音楽を、以前よりも気軽に見聞きする機会を得られるようになりました。この時代に二〇歳前後だったのがロスジェネ世代です。音楽、映画の影響も受けて、ファッションも多様化して、雑誌もさまざまな趣向に応じて創刊されました。そして、以前のように、高級だから、ステイタスがあるから消費するという方法で自分らしさを出すのではなく、みずからが見つけた趣味性で自分らしさを出せる時代へと変化しました。誰もが見ている大衆向けテレビドラマから影響を受ける人はいても、それは、あまりかっこいいものとはされず、よりニッチな趣味性で個々のロールモデルを決定することがかっこいいとされた時代ではないかと思います。そのため、ロールモデルは細分化されていきました。

もちろん、この時代でも、先ほども出てきましたが木村拓哉の影響力は大きく、彼がドラマ「ビューティフルライフ」（TBS系、二〇〇〇年）で美容師を演じれば、町にカリスマ美容師があふれ、彼がドラマ「GOOD LUCK!!」（TBS系、二〇〇三年）でパイロットを演じれば、航空業界への就職希望者が増えたと言われています。これらの現象は、バブル期から続く、「ドラマ」がロールモデルになった例の名残ではありますが、彼の所属するSMAPが「世界に一つだけの花」で歌った、「ナンバーワンよりオンリーワン」という気分こそが、ロスジェネ世代の志向する「自分が見つけた！」消費と重なる事象ではないでしょうか。

女性誌の細分化が止まらない

では、現代は、何が人々の心のロールモデルとなりうるのでしょうか。バブル期のように、消費で自分らしさやステイタスを出せる時代は終わり、その次にやって来たのが、自分の趣味や好きな映画、音楽で自分らしさを出す時代でした。ところが、昨今は、それでもカバーしきれなくなってきているのが現実ではないでしょうか。

インターネットの発達によって、情報が無料で手に入るようになり、ファッションのお手本もネットで得られるようになりました。そのため、何か必要のあるときにしか雑誌を手に取らず、定期的に雑誌を購入する人も年々減ってきたと言われています。現在の三〇代以上の女性、つまりロスジェネ世代以上の女性は、何の雑誌を読んでいるかで、自分がどのような趣味性を持っているのかを示すことができました。でも、二〇代以下では、ある雑誌を読んでいるということが、自分の趣味性、すなわち自分らしさを示すものではなくなってきたと聞きます。

また、バブル時代もロスジェネも、ないものを手に入れるための時代でした。物はもちろんのこと、働き方や生き方の多様性も、昔はなかったのです。そして、ロスジェネまでに大体のものは揃ってしまいました。すると、今度は逆の反応が起こって、今まであったものに立ち戻ろうという動きが出てきます。それが現在なのだと思われます。例えば、保守帰りもそうです。今まであったもの、つまりバブル世代やロスジェネ世代が、離れようとしていた価値観をもう一度見直すようになったことが関係しているように見えるのです。

つまり、二〇代前後の女性たちの一部は、多様性が飽和状態まできていると感じているのかもしれません。飽和しているということは、そこに押しつけがましさを感じるわけです。また、多様ではなく保守的に生きるほうが、危険を回避できるという意識があるのかもしれません。

雑誌を手に取らなくなったのは、雑誌でわざわざ多様性を摂取する必要がなくなったからかもしれません。その代わり、比較的幅広い層向けのファッションを取り上げる『non-no』が、今一度売上部数を取り戻しているという事実もあります。『non-no』は一時は発行部数が三〇万部台まで落ち込み、二〇一〇年に月二回から一回の発行になりました。ところが、その後回復して五〇万部まで部数を増やしたこともありました。『non-no』が回復した背景には、最近卒業した佐々木希をはじめ、桐谷美玲など、テレビでも活躍するタレントや女優などを起用していて、保守、王道回帰傾向が見てとれます。ただし、王道と言っても、誰かが突出して人気があるのではなく、複数のモデルが人気を担っているということ、そのモデルたちがそれぞれ突出した個性を持つのではなく、身近な魅力を持っていることも、現在の若い人のロールモデル像の特徴ではないでしょうか。

このように、二〇代前後の女性たちには保守、王道回帰が受けている状態でも、昨今創刊される雑誌は、ある程度ターゲットを絞ったものが多いようです。独身アラフォー向け『DRESS』（gift）、ガーリーなアラサー向けの『and GIRL』（エムオン・エンタテインメント）や、日本初のぽっちゃり向けファッション誌『la farfa』（ぶんか社）などが二〇一二年～一三年に新しく創刊されました。これは、三〇代以上がターゲットだったり、また「ぽっちゃり」という明確な線引きがされているものに限られていて、やはり二〇代向けとは言い難いものです。ただ、アラサー以上の年代にとっては、まだまだ雑誌のターゲットは細分化の傾向があるようです。

皆婚社会の崩壊と新たなロールモデルの必要性

『DRESS』二〇一三年五月号（創刊号）では、恋愛や仕事を頑張ってきたアラフォーの女性たちが、それぞれの恋を語っています。何度も結婚を考えたことはあっても結婚しなかった人、離婚した人、事実婚の人、今は恋愛を考えられない人など、さまざまな女性たちがいます。そこには、四〇歳からの人生は自分で選ぶものであって、その選択肢は決して一つじゃないということを丁寧に示したいということがあるのでしょう。この方向性には賛同できます。でも、『DRESS』のターゲット世代ど真ん中の自分が読むと、こと「恋愛」に関しては、なぜか居心地が悪いのです。

今、『DRESS』のような雑誌が生まれるのは、〝独身のアラフォー〟が消費者としてのターゲットだということももちろんあるのでしょうが、実はそれだけではないのではないでしょうか。現在のアラフォーは、お見合いも職場結婚も崩壊しつつある時代に二〇代を迎えました。知らないうちに結婚のあり方が変わってしまった、そんな迷える世代に新たな生き方を示したかったことは、その誌面から伝わってきます。

どんな女の子であろうと、「旦那さんは、まあなんとか現れる（コウノトリが赤ちゃんを運んでくるように）」、「焦らずに自然体で生きていたら、不思議なもので、縁というものが自分にちょうどいい相手を連れてきてくれる」という空気の中で生きてきました。でもこれは、お見合いや職場結婚の慣習が完全には崩壊していないときの話だったのです。ちょうど、団塊世代にあたるロスジェネ世代の母親たちが一九七〇年代に結婚したとすると、当時は三〇パーセントほどがお見合い結婚でした。そのため、娘の世代が二〇歳になるころのお見合い結婚率が一〇パーセント台になっていても、そのデータを見ていないし、わがことのようには実感していませんから、かつて自分の見てきた因習を娘たちに語ることに何の疑いもなかったわけです。

実は、私が地方で働いていた一九九〇年代中盤には、職場結婚もお見合い結婚も形としては残っていました。というのも、同期入社した女性たちの半数は職場結婚をし、同級生の数人はお見合いで結婚していたからです。データを見てみると、一九九二年は職場結婚の割合が三五パーセントと、全結婚に対して最も比率が高かったそうですから、自分の職場でも結婚が多かったことに納得です。もちろん、その後のデータでは職場結婚の割合は下がっていきました。順番で考えると、先にお見合い制度が縮小し、あとになって職場結婚の制度が縮小してきたということでしょう。

職場結婚が減少した理由の一つに、女性の雇用の多くが一般職ではなく派遣社員になってしまい、こうした流動的な働き方では男性社員と交際する機会が減少してしまった、ということが挙げられます。一九九九年に、労働者派遣法が原則的に自由化され、職場の一般職女性はどんどん派遣社員に取って代わられました。

このように、徐々に制度が縮小し、ゆるやかに自由恋愛にシフトしていったために、「いつかいい人が現れるよ」神話は、すぐには崩壊しませんでした。そんな神話をまだ信じていた私たちは、今では当たり前にも思える、山田昌弘さんと白河桃子さんの『「婚活」時代』（ディスカヴァー携書）が二〇〇八年に出版されたときに、「ええー、そんなふうに結婚のための活動をすべきものなの⁉」と素直に驚いたものです。

『DRESS』を読んでみて、『「婚活」時代』と同じく、以前のような制度のもとでは生きにくくなってきて、路頭に迷っている女性たちに、現代に見合ったロールモデルや生き方を提示しようという意図は感じています。かつての〝皆婚社会〟（誰もが結婚する社会）が崩れ、生涯未婚率も上がってきたこのご時世に、「結婚は必ずしも選ばなくても、おかしくないんだよ」という選択肢を提示するために、『DRESS』は「結婚」ではなく、「恋愛」を多く語ったのでしょう（「恋愛」は捨ててはいけない圧力は感じますが）。

少子化は未婚アラフォーの責任!?

　では、現状はどうなのでしょうか。国立社会保障・人口問題研究所「第一四回出生動向基本調査」（二〇一〇年）によれば、三〇〜三四歳未婚女性の二三・八パーセント、三五〜三九歳では二五・五パーセントが「性経験がない」そうです。つまり、四〇歳までのアラフォー未婚女性のおよそ四人に一人が処女だということになります。もちろん、性経験はなくとも、恋愛をしたことがある人はたくさんいると思われますが、それでも恋愛している状態が常識ということはないのでしょう。一方、アラフォーの未婚男性の三割も異性との交際経験がないというデータがあります。現在では、恋愛は人生のデフォルト（初期設定）なものであったり、誰もがしているものではない、ということなのです。

　これは、皆婚時代においても同じ比率だったことでしょう。当時は、自由恋愛を経ないで結婚した人がいたのですから。

　もちろん、早めに結婚をしたい人は、結婚に対しての準備も早めにしたほうがいいというのはわかります。また、恋愛が大好き、いつでも恋していたいという人だっているだろうし、それもいいことだと思います。ただ、それと同じように、恋愛のことを考えていない時期があったり、恋愛に興味がないという人がいてもよいというのが、本当の多様性ではないでしょうか。

お見合い結婚や職場結婚などの制度が崩壊してしまった現在、あまりにも恋愛に対する幻想と、恋愛しないといけない圧力が強すぎるのではないかとすら思えてきます。もちろん、自分だって恋愛を一〇〇パーセント捨てられるかというと、それは難しいのですが。もしも、少子化を救う手段が「恋愛」だというのならば、欧米のように婚外子に対する制度上の問題や、そこに人々が向ける視線の問題を取り払う必要もありますし、少子化を救う手段が「結婚」であるならば、またそれはそれで別の議論が必要です。

ただ、当事者としては、少子化の要因が、未婚アラフォーのほうだけにかかっていると思われているような気がしているため、子どもも産まずに消費にかまけて、こじらせているとはなんたることか！　といつも叱られているような気分になってしまうのです。そんな状態で、新しい生き方だなんだと手を挙げることもできないので、あまりスポットを当てないでください、というのが個人的な気分です。

アラフォー女性の欲望の取り扱い方

現在のアラフォー女性は、そもそも恋愛とその欲望をどうとらえているのでしょうか。

バブルとロスジェネの境界を意識して、仮に後期アラフォーを四一歳から四四歳、前期アラフォーを三五歳から四〇歳とすると、後期アラフォーはバブルを見ているため、欲望を意識し、それをみずからの意思でコントロールしたいと思っているのではないかと思います。反対に、前期アラフォーは、どちらかというと、欲望を扱いかねている人のほうが多そうな気がしています。

前期アラフォー女性は、女子大生ブームにも乗ることができず、おニャン子クラブの女子高生ブームも自分が高校生になる前に終わってしまい、ちょっと下の世代はコギャルと呼ばれて話題になり、ベビーブームに生まれたため大学受験は戦争状態、そしてやっと大学を出たころには就職氷河期、アラフォーになってみたら、またちょっと上のバブル世代は美魔女だ、熟女だと、自らの欲望のままに生きている。

前期アラフォーたちが未婚なのは、いつかこんな私にもぴったりと合う相手が現れるのではないかと、気長に、ぼんやりと生きてきたら、知らない間にこんなふうになってしまったというだけで、強い意志があったり欲望のままに生きてきてこうなった、というのとは意味が違うのです。そんな前期アラフォー世代にとっては、欲望は露わにするものではなく、隠しておきたいものなのです。なぜなら、欲望を露わにすることは、誰かから突っ込まれることだからです。

そもそも、「アラフォー」という言葉が流行語大賞に選ばれたのは二〇〇八年に放送されたドラマ「Ａｒｏｕｎｄ 40～注文の多いオンナたち～」（ＴＢＳ系）がきっかけと言われています。でも、そのときにアラフォーだった女性は、それから五年も経ち、半数以上はすでにアラフォーを卒業しています。つまり、アラフォーというターゲットは、一年ごとに卒業生を送り出して、新入生を迎え入れているのです。でも、どうしてもこの言葉は、流行語大賞を取ったときのままのイメージで見られている気がしてならないのです。

ロールモデル細分化時代？

ロールモデルがなかなか見えなくなったアラサー、アラフォー世代でも、読者と一枚岩の関係を築き、比較的〝なりたい自分〟像というものを明確に示している雑誌といえば、何といっても『ＶＥＲＹ』（光文社）でしょう。先ほど、未婚アラフォーにのしかかる少子化の問題について触れましたが、妻であるかぎりは、子どもを産む意思があるとみなされクリアしているので、ロールモデルを見出すことが比較的容易であることも想像がつきます（もちろん、未婚アラフォーにその意思がないわけではありません）。

この雑誌のターゲットは、三〇代の既婚女性。時代に応じて、妻たちの憧れをすくい上げ、時には啓蒙しています。これまでに「サロネーゼ」、「イケダン」、「ミセスＣＥＯ」などのいくつかの流行語も生み出してきましたが、その生み出され方にも、雑誌主導というよりも、読者の空気を代弁したという印象があります。そのため、読者も新しい言葉に乗ることに抵抗感がないように見えます。

現在、『ＶＥＲＹ』の表紙は女優の井川遥さんとモデルの滝沢眞規子さんが務めていますが、読者はこの二人への憧れを抱いているというよりも、雑誌がつくり出す全体的な思想にこの二人がぴったり合っているからこそ共感している、というのが正しいでしょう。つまり、読者は、『ＶＥＲＹ』のコンセプトの中の井川遥さんが好きなだけであって、ＣＭやドラマなど、別のフィールドで活躍するときの井川さんまでを追いかけているわけではないと思われるのです。井川さんというのは、あくまでもこうなりたいという女性の表層的なアイコンであり、読者は、その生活感や思想までを消費したいというわけではないのかもしれません。

その代わりと言ってはなんですが、『ＶＥＲＹ』には確固たる思想や理念があり、その思想部分は、フリーアナウンサーの小島慶子さんなどが大きく担っているのが現状です。特に震災後は、みずからの危機感にも向き合うようになっていて、これまでの〝専業主婦志向〟というキーワードを元につくられた夢の部分に、「本当はそうではないでしょ？」という自己批判をするページを必ず設けている印象すらあります。お受験に賭ける主婦や、イケダンをステイタスに感じている人、そんな人に対して、「その価値観、やばくないですか？」と問いかける役割を小島さんが担っています。つまり、『ＶＥＲＹ』は、見た目の部分と思想をきっちりと分けて扱っているのです。

一人の人間の中には、さまざまな価値観がありますから、幸せな奥さんでいたいという表の欲望と、その裏で感じる現実的な不安を、一人のロールモデルが背負うのは難しい。その違った価値観を、複数のロールモデルを立てることによって、うまく取り扱っているのだと思います。

ロールモデルはみんなでつくり上げるもの

『VERY』の例で見てきたように、現在は、一人のロールモデルがすべてを請け負うということは不可能な時代が来ているのかもしれません。それは、「私はコンサバだから、エビちゃんみたいになりたい」「いや、私は文化系で自由を求めるから木村カエラを目指す！」というように、人それぞれのロールモデルがいくつも存在するという意味ではありません。

「私はファションはコンサバだけれど、でも意外とオタクだから」という人がいたり、「見た目はゆるふわだけど、実はフェミニストで……」という人や、「私は専業主婦で幸せだけど、実は今の社会に対して不安があって……」という人がいたりするように、一人の人間が、一つのカテゴリーではくくれない複数の属性を持つようになった、さらに言えば、それを自分で意識せざるをえないというのが現状だと思います。そのため、外見はこの人、仕事ではこの人、趣味はこの人、考え方としてはこの人、というように、たくさんのロールモデルを持つことが、現在のロールモデルとのつきあい方ではないでしょうか。
ところが、現状はというと、一人の肩にロールモデルの重圧が乗りかかった状態が、まだまだ残っているように見えます。例えば、「ダイバーシティモデル」などもそうでしょう。ダイバーシティモデルとは、さまざまな違いや多様性を受け入れる取り組みのことです。その結果、女性管理職を登用したり、育児休暇などを充実させたりする企業が増えています。もちろん、その取り組み自体はとてもよいことだと思います。ところが、この型にはめられそうになって、必死で拒否している女性がいるのも事実です。企業は、労働環境が改善されているということを、誰かをモデルにすることで社会全体に知ってもらい、イメージアップをはかる必要がありますが、その道具として使われていると感じている女性から意見を聞いたことがあります。

所属する集団のロールモデルに選ばれるということは誇らしいことですし、何もそこから逃げなくても……と思われるかもしれませんが、出る杭は打たれる風潮の中で、誰かのお手本になることはメリットばかりとは言えませんし、目立つのが嫌な人だっています。また、女性がバリバリ働くことに違和感がない業界ならば話はまた別ですが、保守的な女性の多い職場で、自分だけが特別な立場になることに不安を感じることもあるでしょう。独身で仕事だけをしているというイメージをつけられるのが嫌だと思う女性もいるかもしれません。そして、今は未婚でも、いずれ結婚もしたいし子どもも産みたいと思っている人も多いでしょう。こうした心境は、日本の女性管理職の比率が先進国内で最低となってしまっている要因にも関係しているのでしょう。

こんな状況は変わって、女性が堂々と人目を気にせずに、ロールモデルとなったり、昇進をしたりする社会になればいいと思いますが、その覚悟をしにくい空気があるのも私には頷けるのです。

そもそも、ロールモデルは、「今日からこの人が君らのロールモデルだから、ひとつよろしくね！」というものではありません。どちらかというと、何かの事象があって、徐々に人々の信頼が集まって、そして「あの人みたいになりたいな」と思われるのが自然です。人の心をつかむという点では、ほかの分野でも同じです。アイドルで、最初に何億円もかけて大きくデビューして、その初期段階の投資のおかげで成功した人やグループはほとんどいません。むしろ、あまり期待されずに小さな規模でスタートして、徐々に人々の心をつかんでいった人やグループが国民的なアイドルに育っていくのです。

それと同じで、ロールモデルが突如現れても、人々は戸惑うだけです。以前のようにドラマや雑誌がちょっと啓蒙すれば、「あらま素敵！」と思える時代は過ぎました。むしろ、現実の問題がドラマや雑誌に反映されないと共感されず、視聴率や購買数を上げられない時代なのです。

そんな中でロールモデルを生み出すには、徐々にこの人のようになりたいと思えるような小さな共感を集めていくしかなく、また全方位に向けてのお手本ではなく、小さなロールモデルがいくつもあることが望ましいのかもしれません。

冒頭でも書きましたが、テレビドラマでは、理想的な主人公よりも、ちょっとダメなところがある出演者が共感を得て人気が出るタイプの作品が増えてきています。また、あえて腹を見せて、ちょっと引いた目線で物語をつくるほうが共感を呼ぶのです。

雑誌もしかりで、夢の部分ばかりに光を当てるのではなく、その裏にある葛藤にも焦点を当てているものは読者の共感を得ています。また、若い世代は突出したロールモデルよりも親しみやすいロールモデルを求めています。

そう考えると、現代のロールモデルとは、それをお手本にする人とともに歩んでいけるような人がふさわしいのかもしれません。突出した存在ではなくて、〝少し前を行く人〟として……。ただ、以前と違うのは、女性の意識を性急に変えようとして、キラキラした人物を祭り上げたところで、反発を覚える人も多いということです。どうして現代の女性がロールモデルになりたがらないのか、その現状をとらえて、ゆっくりと望ましい状態に持っていくことが、ロールモデルとなる人にとっても、そのロールモデルを目標にする人にとっても大事な気がします。

column

無宿渡世母がゆく・『女子会2.0』篇

——明日が見えないお母さんは、好きですか?

水無田気流

「無宿渡世母がゆく」は、『読売ウイークリー』二〇〇八年五月二五日号より一二月一四日号まで、私のでたらめな育児+仕事+学究生活をつづったものである。同誌休刊により、あえなく強制終了となった。誕生から一歳二か月までのわが一子大五郎（仮名）の成長と、筆者の苦闘が描かれている。ちなみにタイトルの由来は、①筆者が万年非常勤講師の就職浪人で明日が見えないから、②筆者が「木枯らし紋次郎」のファンだから、③筆者は「子連れ狼」ファンでもあるため、当初「子連れ母がゆく」にしようかと思ったが、よく考えたらそれはあまりにも一般的な図であったから、以上である。現在子育て支援NPO「子育てコンビニ」のミニコミ誌『子育てコンビニ通信』にて地元ネタを中心に、無宿渡世の母子生活を書いている。

子どもを産むまで、母親ライフというのはもっと温和で優しいものだと思っていたが、私にはその余裕は皆無であった。何しろ産休実質三日である。原稿を二本書き終えたところで陣痛が来て、ヤバいと思って次の原稿を印刷し、産み終えて後陣痛が引いたら赤入れしていた。ちょうどタイミングよく（?）そのときの担当編集者さんも激務がたたって入院されていたので、打ち合わせは産院から病院に携帯電話で行っていた。

はっきり言って出産後三か月くらい、健康で文化的で人間的な生活とは無縁であった。自由業とは不自由業のため、選べるのは餓死する自由ぐらい。絶対に仕事をセーブするわけにはいかず、絶対に赤ん坊を放り出すこともできない。「仕事と子育ての両立」、「ワークライフバランス」なんて絵に描いた餅、子連れで歩む冥府魔道である。そんなわけで、母親になった当初、私には「母性の女神」よりも頻繁に、「かなりテンパった松田優作」が降臨していた。当時、「無宿〜」には、こんなことを書いた。まず初めての赤ん坊を育てるということは、ジーパン刑事往年の名台詞、「何じゃこりゃあッ!」の連続であった。例えば新生児のぐにゃぐにゃの身体に「何じゃこりゃあッ!」。大音量の泣き声に「何じゃこりゃあッ!」。ちょっとしたはずみで起こる大量の吐き戻しを手に、「何じゃこりゃあッ!」といった感じで……。

それから、時間がない。遺作となった『ブラック・レイン』では、優作扮するヤクザが「シマが欲しいんですよ、シマがあッ!」と叫んでいたが、私も叫んでいた。「ヒマが欲しいんですよ、ヒマがあッ!」と。生後一か月を過ぎるまで、大五郎は毎日二、三時間おきに授乳。しかも、一日につき最低六時間は連続で泣きぐずるのが日課であった。目の下に隈をつくりながら「ヒマが欲しいんですよ、ヒマがあッ！」と叫ぶ日々を思い出せば、人生、大抵のことはイージーモードな気がする。しかし、最大の「優作」は、演技ではなく素の彼であった。松田優作は撮影時、休憩時間に漫画を読んでいたスタッフにこう怒ったそうである。「同じ空気吸ってねぇよ！」と。

私たち夫婦は、今なおスケジュールをやりくりし、交代で子どもの面倒を見ながら働いている。だが、どうしても仕事がバッティングしてしまうこともある。ましてや子どもが乳児のころは大変だった。生後二か月の大五郎を、大学構内の保育所に預けて講義となった日のこと。大五郎は朝からぐずり続け、夫は通勤途上、イライラして文句を言い続けた。「だからお袋を呼べばよかったんだよ。仕事に子ども連れて出るなんて、大変なんだから」と。

仕事前にもめたくなかったので最初は黙っていたが、ついに私はブチ切れた。大変なのは、私のほうである。講義の準備、学内保育所の手配、授乳タイミングの調整などをこなしつつ、着替え、おむつ、哺乳瓶や講義資料などが詰まったカバンを抱え（これは途中で夫が持ってくれた）、大五郎を抱っこひもで腹にくくりつけている。

「オフクロオフクロって、バカの一つ覚えみたいに言ってばっかりで、あなた夫婦で協力して子どもを育てる気があるの!?　私が保育所の資料を集めているときも、ぜんぜん一緒に考えてくれなかったじゃない！　お義母さんだって近くに住んでいるわけでもないし、まずは自分たちで考えて、それでもダメなら、最後の手段でお願いするのが筋でしょう!?」

そう。このときの私の台詞は、翻訳すれば「同じ空気吸ってねぇよ！」である。

例えばあなたがスタッフで、松田優作にこう言われたとする。「俺はおまえと最高の仕事がしたいと思っている！　これはおまえにしかできない仕事だ！　一緒にやってくれるな？」と。これに対し、「え？　何で俺ですか？　〇〇さんが経験あるんだから、あの人に全部お任せすれば済むんじゃないですか？　俺、ほかのことしたいんで」と答えたら、優作はどういう反応をするだろうか。……キレるどころの騒ぎではないだろう。

さてあとから考えれば、夫の言い分ももっともなところはある。義母は病気を抱えているため、頻繁に子守をお願いするのは気が引けたのだが、講義時間はさほど長くはない。少しの間なら、お任せしてもよかったのだ。だが当時私は、ただただ夫に怒り心頭で、そのことに思い及ばなかった。この点、大いに反省している。つくづく母親というのは、育児に関して視野狭窄に陥りがちである。

読者諸兄のみなさまには、既婚であれ未婚であれ、子どもの有無を問わず、心していただきたい。妻は子どもが生まれれば、少なからず「撮影時の松田優作」となる。優作は子どもという「作品」製作に夢中になるあまり、周囲が見えなくなりがちである。このとき、妻にとってそこは家庭ではなく、事件発生時の七曲署である。うまくいかない捜査に、優作は壁を殴ったり、犯人を自白させようと焦るあまり、机を蹴り飛ばしたりするだろう。そんなとき、貴兄はゴリさんになって一緒に吠えてはいけない。どうせならば山さんになって、優作の肩をぽんと叩き、「ジーパン……少しは落ち着け」となだめていただきたい。

さて恐ろしいことに、今なお私の明日は見えない。おかげさまで、優作化する頻度は低下したが、非常勤暮らしは相変わらずである。心は就職浪人の無宿渡世母のまま、わが大五郎は今春、幼稚園の年長さんである。思えば大きくなった。いろいろなものを卒業した。卒乳し、ベビーベッドを卒業し、オムツを卒業し、着実に成長してきている。一方、次々とマイブームも訪れた。最初は乗り物全般、それから宇宙、昆虫、合間に仮面ライダーや戦隊もの、そして恐竜、古生代の生き物、化石……ときて、最近では鉱石類に目を輝かせている。どんどんマニアックな方向に来ているような気もして、若干心配だが……。

人間は、成長するものである。当たり前のことだが、それを実感し続ける五年間であった。「今」大変なことでも、いずれ終わる。でも、また別の大変が現れる。我々は、永遠にジャンプを繰り返すマリオなのだ。人の状態に、「永遠」はない。今手のかかる赤ん坊も幼児も、いずれは大人になる。一方で、今元気な働き盛りの大人も、いずれは年をとり、介護が必要になる日が来るかもしれない。そして、誰もが死ぬ。家族も消える。でも、残された者が別の家族をつくる。すべては「時間」が決める。私たちは、時間ゆえに存在し、時間ゆえに不安に苛まれ、時間の中で喜びや幸福を得て、成長しつつ老化し、それぞれの生を生きている。

だが私たちの社会は、この時間による変化を、あたかも存在しないかのように、ひたすら邁進してきた。日本社会の制度疲労、あるいは硬直化と言われるものの基底には、この事実が横たわっている。合理化とは、現時点の最適化を目指すものである。誰も死なず、誰も高齢化せず、誰もが永遠に健康な労働者ならば、それも可能だろう。だが、この前提は人間が人間であるかぎり、実現不可能なのだ。一時期の均衡を、永遠とみなす矛盾。それは、時期が来ればいずれ必ず発火する時限爆弾をつくり上げた。この国の「超」少子高齢化とは、その原因であり結果でもある。矛盾は今、主に女性たちの双肩に大きくのしかかっている。

現在日本の女性たちは、旧来の規範的な生き方——母や妻の重責——と、家計補助の必要性に迫られ、本当に時間がない。最大の要因は、先述した「矛盾を吸収する緩衝材」の役割を負わされているからである。日々誰かの「ために」自分の時間を明け渡すことが、暗黙の了解とされているのだ。専業主婦前提の育児環境や、家族介護資源としての期待は、社会が見ないようにしている「経年による人間の状態変化」への、「個人的努力による対応」要請である。それがいかに理不尽であるかは、言うまでもないだろう。手一杯なこの国の女性たちが「総優作化」する前に、何とかせねばなるまい。

でたらめな出産・育児生活を経て、ひたすら願う。私のように、優作化や「子連れ狼」の主人公・拝一刀《おがみいっとう》化しながら子育てせねばならないお母さんは、一人でも少ないほうがいい。私のような育て方は、後進には全くお勧めできない。願わくばすべての女性たちに、私の歩いてきた冥府魔道よりもずっとましな、光あふれ悠然たる王道が整備されますように。心より、希《こいねが》う。

東京・池袋の屋上ビアガーデンで乾杯する、1984年の女子たち。「女子会」という言葉が生まれる20年以上前から女子会は行われていたようだ。眉が隠れる重い前髪、ゆったりしたトレーナーといったファッションの流行が垣間見られる。（写真　読売新聞社）

第3章

真に“自由”になるために

座談会・3

磨きすぎた「女子力」はもはや妖刀である

将来訪れる〝友人格差〟

編集S　では、家庭とか家族の話に移りたいと思います。

私自身、家族がいないと生きていけないという実感があまりありませんし、そもそも結婚自体もしたほうがいいかどうかよくわからない時代ですし……家庭を持つ意味とか、今後の家族像とか、どう変わっていくのかといったあたりをお聞きしたいんですが……。

西森　私自身は結婚していませんが、一般的には、離婚率は高まっているし、死別もあるから、未婚だった人も結婚していた人も離婚した人も、おばあちゃんになったときは結構フラットに、同じような感じになるのではないかという気がしています。

編集S　今は分断されていても、ですね。

西森　そうです。先日、友達がディズニーランドに行ったら中高年の女性同士のグループがすごく多かったらしくて、その話を聞いて結構いいなと思ったんです。古市さんの世代ぐらいだったら、男性も年をとってから友達とディズニーランドに行くかもしれない。昔のマッチョな人たちにはできなかったことが、たぶんできるようになっていくのだろうし、女性はもともとそういうことができていましたよね。友達は、その中高年女性四人組を見て「あれがサマンサで、あれがキャリーだ！」とか言っていました。

水無田　年季の入った『**セックス・アンド・ザ・シティ**』[65]ですか（笑）。

西森　おばあちゃんになっても『セックス・アンド・ザ・シティ』的な友情があるなら希望だなと思いました。

古市　そうなると、友人をつくれる人とつくれない人の格差という問題が出てくるのではないでしょうか。結婚できる・できないというのがかつての格差だったとしたら、今度はそれに加えて、友人ができる・できないというものが新しい格差として前景化してくるのかもしれません。

最近、単身高齢世帯の増加（**資料17**）が話題になっていますよね。今の高齢者たちは兄弟も多いし、子どもも一人、二人とかいるから、世帯としては単身であっても、なんとかなることが多い。だけど、今四〇代の一人っ子、それも子どもがいない人たちがこれから六〇代とかになれば、本当の単身になるわけですよね。そこで、友人がいるかいないかというのがものすごく大きな問題になると思います。

65『セックス・アンド・ザ・シティ』
ニューヨークに住む三〇代独身女性四人の生活をコミカルに描いた、アメリカの連続テレビドラマ。このドラマを見ていない女性たちも、女子会を行ったり、そこであっけらかんと性的なトークを繰り広げたりと、知らず知らずに影響を受けている人も多い。（西森）

西森　社会保障的なことも少なくなっていきますからね。

古市　そうなんです。社会保障が家族からも期待できない、国からも期待できない、友人もいないとなると……そこでの友人格差というものがすごく重要だという気がします。

水無田　確かにそれはありますね。

古市　最近では、クリスマスよりもハロウィンのほうがつらいなと思うんです。ハロウィンは恋人ではなくて、仲間たちで盛り上がるイベントになっているから、誘われないと本当に寂しいんですよね。

水無田　それは、今までなかった文化ですね。逆にハロウィンが大変なんですね。

千田　ただ、友達格差でいうと、例えば私立の一貫校に通う人は、それこそ幼稚園、小学校からずっと一緒で、そういう人たちは、すごいネットワークを持っているわけですよね。

西森　それは、社会に出てからも結構関係があるのですか？

千田　ある。

水無田　相当ある！

西森　ええっ、もう格差社会ではないですか！

千田　そうですよ、社会的なネットワークの格差です。そういうネットワークは、すごく無視できない強さがあるんですよね。

水無田　それが彼らの**ソーシャル・キャピタル**66（社会関係資本）ですからね。

［資料17］

65歳以上世帯員のいる一般世帯の家族類型別割合の推移

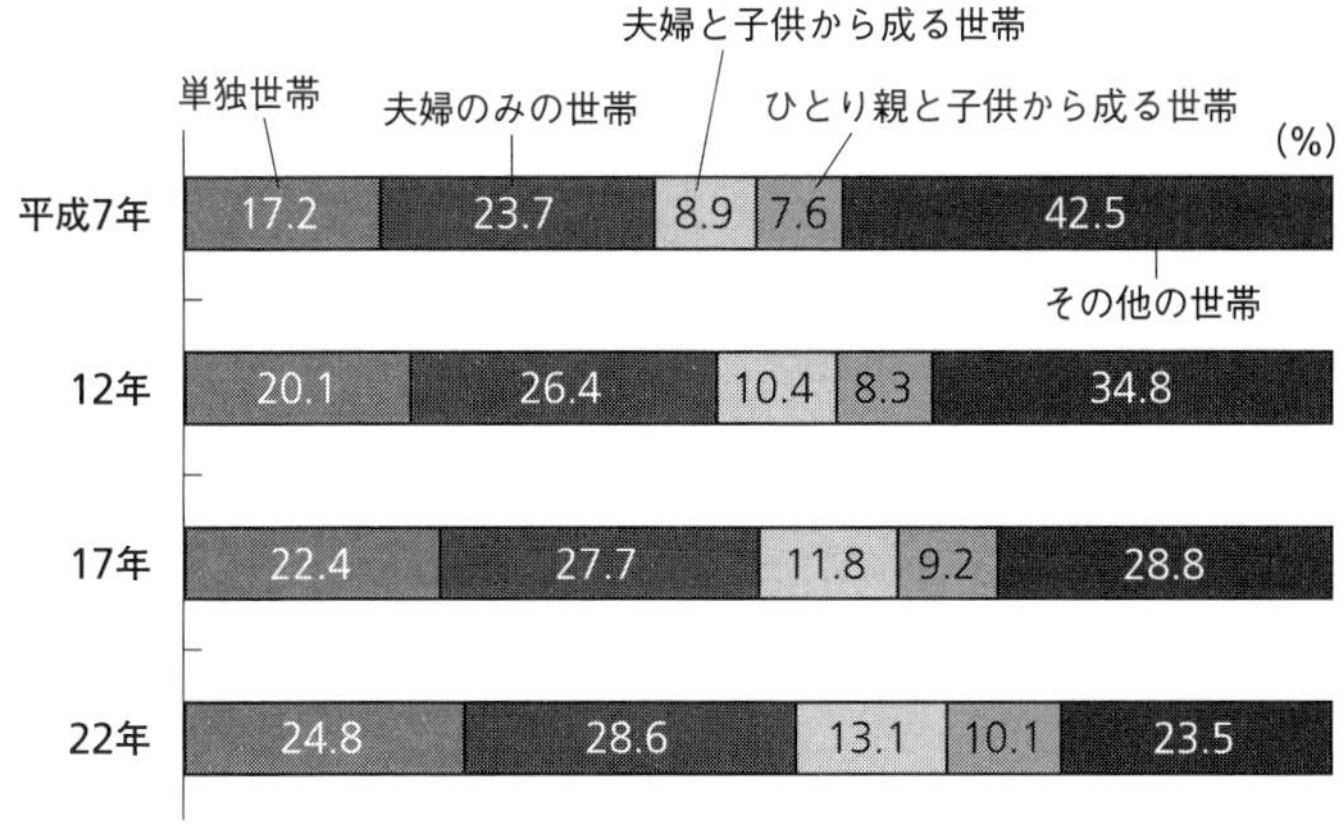

単身高齢者が増加している。未婚者の増加によって、この割合は今後もますます高まっていくだろう。アラフォーシングル女性をターゲットにした雑誌『DRESS』創刊号でも、「単身高齢者」問題への言及があった。ちなみにシングル対象のくせに、『DRESS』では「恋」「結婚」というキーワードが頻出する。（古市）

資料）平成22年国勢調査解説シリーズNo.2「我が国人口・世帯の概観」

千田　今の私たちの世代は、まだ親があまり負の遺産を持っていない、子どもを援助できる立場であるからいいのですが、私たちの世代が親になった場合はものすごい格差ですよね。親から援助がもらえるか、親に仕送りしなくてはいけないかというのは、ものすごい差として表れてきます。

西森　なんだか暗くなる感じです。

そういえば、主に専業主婦の女性をターゲットにしている『VERY』（光文社）という雑誌がありますが、最近お受験に対しての考え方が変わる特集とかが出ています。お受験して私立に下から入れるよりも、公立でしっかり勉強させようというような考え方で……。でもそれは、格差を考えずにのびのび育てようという意味ではなくて、最終的に東大とか慶応とかに入れるのならば一緒ではないか、という意味だったんです。普通の学校に入ったら、サバイバル能力などが養われるから、学力だけでなく、より強い、能力の高い子に育つのではないかという特集なんですね。

千田　私もその特集を読みましたけれど、橋下改革を支持していて、「橋下さんがいるんだったら、引っ越ししても行きたいわ」みたいなことが書いてありました。「やっぱり学校選択制はいいわね」とか書いてあるのですが、結局選択して公立に行くんだったら、私立と変わらないじゃん、と……（笑）。公立の同質性のようなものを求めているわけでは全然ないんですよね。

西森　〝いい公立〟に行きたいということですよね。

千田　そうそう。根本的には全然変わっていないんだと思って、笑えたんですけどね。

水無田　それから、地元志向というのは、東日本大震災以降強くなっていますよね。ちょっとできる子は、以前なら無理して都心部の学校に行かせていたのが、最近はそうでもない。いざというときに電車が止まったり、携帯が通じないとなるとやっぱり怖いし、この先地震も頻発するだろうし……。近くにいて自転車で駆けつけられるぐらいのところがやっぱりいいよねというふうになってきています。

千田　だから、「それぐらい近所にある有名な学校に行ければいい」というような話に、たぶんなりますね(笑)。

西森　それは、生まれたときからの格差みたいなもので、そこで得られる人間関係は、階層でもう決まってしまっていますよね。例えば韓国だと、結構貧乏な人も学歴で一発逆転ができるかもという……「学歴だけが階層を変えられる」というような夢を持っているというのがありますが、日本ではもうそれもダメということですか？

古市　一応、それはまだ夢としては残っているのではないでしょうか。いい学校を出たらいい会社に入れるというのが壊れていることはわかりつつも、でもそれにやっぱり乗るしかない人がまだまだいると思います。

66 ソーシャル・キャピタル
良好な人間関係を示す社会学用語。これが衰退すると、コミュニティの人間関係も希薄化し、ひいてはさまざまな生産活動も衰退してしまう……というもの。ソーシャル・キャピタル研究の第一人者ロバート・D・パットナムは、『孤独なボウリング　米国コミュニティの崩壊と再生』(柏書房)で、かつては地域のクラブに属したり、家族や友人同士でにぎやかに遊ぶはずだったボウリング場で、黙々と一人ボウリングに勤しむ人が目につきだしたことから、これを論じた。(水無田)

千田　でもそれは、たぶん上の階層の話ですよね。そういう人は、階層戦略というものが見えるんですよね、こうすると階層が上がるんだということがわかる。だから、いい大学を出てもいい就職があるとは限らないけれど、でもそれがないとやっぱり何もできないんだと考えるから、子どもをいい学校に入れようとするわけです。

例えば、**ホリエモン**[67]はある時期、時代の寵児のように言われていましたけれど、彼は東大を中退しているんですよね。「学歴がなくても……」というのは、これはやっぱり欺瞞《ぎまん》だと私は思うんです。

古市　努力できる・できないも階層差に規定されるのかという苅谷剛彦さんの有名な研究がありますね。階層が上の人は、本を読んだり、何かを調べたりという広い意味での「努力」が子どものころから当たり前だから、普通に勉強もできたりします。

千田　それはあるでしょうね。例えば「子どもをのびのびと育てたい」と言う親がいますが、本当にのびのびさせて親が何もしないのはまずいわけですよね。たぶん競争に負けてしまいます。

水無田　階層上昇とか社会の中でうまく乗り切っていくための〝武器の使い方〟というか、そういうことがある程度わかっている親なら、のびのびでも別にいいんでしょうけどね。

千田　お受験させる親を見ていても、うまい人は、受験をさせるんだけれど子どもの様子を見てダメだったら手を引いたりとか、そういうさじ加減が絶妙ですよね。それはやっぱり〝よくできる〟人なんですよ。そうでない人は「まわりがやるからやらなきゃ」といって、「勉強しろ！」とか言って子どもをつぶしてしまう。東大生でもよくできる人は、「勉強しろ」とか言われたことのない人が多いです。

西森　まわりを見て、というのはあまりよい方向にいかなそうですよね。

水無田　お受験サークル型ですね。それが一番ヤバイです。

親自身も受験して、その中で勝ち残ってきたから、子どもにもやったほうが得であることはある程度理解している。そういう親は、子どもが向いていないと思ったら、先ほど千田さんがおっしゃったように、さじ加減がうまいんです。

それからもう一つ、子どもの学歴に対して、親の資質から一番優位に影響力があるのは、なんといっても母親の学歴で、父親のではないんですね。受験勉強の進め方なんかも、日常的に接しているので、よくわかっているんです。

だから、自分は学歴が低いけれども、子どもに夢を託して、まわりのサークル的なノリで子どもに受験をさせちゃうというタイプの母親が、ストレス値も最も高いのではなかったですか？

千田　そうだと思います。片岡栄美さんによれば、女性の場合は、芸術文化活動と学歴の相関が高いそうです。つまり高学歴女性ほど**文化資本**[68]を持っていて、これは親の文化資本が相続伝達されているんじゃないか

67 ホリエモン
堀江貴文。実業家、元ライブドア代表取締役社長CEO。一九七二年生まれ。東京大学在学中にホームページ制作・管理運営の会社を立ち上げ、急成長させた。プロ野球の球団や放送局の買収、総選挙立候補などで話題となったが、証券取引法違反容疑で逮捕・起訴された（ライブドア事件）。

と。経済的な条件が許せば、高学歴を期待する親ほど、女の子に文化的な経験をさせるそうです。ただ男子は家庭の経済的条件がよくても、芸術活動率は女子ほどは高くないらしいです。女の子にはやっぱり習い事をさせる、お母さんも教養がある、学歴期待も高い、そういう〝できる〟人が階層的に高くなっていくんですね。

水無田　すごくわかります。見えないものなんですけどね。

千田　そう、見えないものなんだけど、如実にあるということがわかります。

水無田　そして、再生産されていくんですよね。

墓守娘になりたくない女子の〝孤独死万歳！〟

編集S　では、これからの家族像についてはどうお考えですか？

千田　家族は資源だけど、実は足かせでもあるんですよね。例えばパラサイトしている人は、親からいろいろな援助を受けていますが、これからは親の介護が始まるわけです。夫婦でも、ダブル・インカムのほうが得というか柱としては太いのですが、相手が倒れたときは支えなくてはいけないというリスクがある分、シングルとそんなに変わらないと私は思っています。親族ネットワークもダブルになるとはいえ、先ほど古市さんも触れていたように、一人っ子の多い世代だと広がりもあまりないわけです。

古市　そうですよね。

千田　先日、ルポにすごく驚いたんですが、生活保護などを受けられずに亡くなっている人というのは、友達がいないわけではないんですよ。「助けて」と言える友達がいなかったり、もっと言えば「助けて」と言う能力がなかったりするんです（ＮＨＫクローズアップ現代取材班『助けてと言えない――いま30代に何が』文藝春秋）。助けを求められる、そういうネットワークをどう築いていくのか……それは必ずしも家族とは限らないですが、ネットワークを持っていなかったら、特に都会で生きていると大変だなと思います。
　同時に、私は最近〝孤独死〟に憧れていますね。

古市　憧れている？　孤独死に？

千田　そう。孤独死は孤独だといわれますが、やっぱり人間は物を食べられなくなって、だんだん衰弱していって死ぬときが「死にどき」なのだそうです。延命治療などの余分な医療をされずに、コロッと一日ぐらい経って死んでしまうというのは自然な死に方だと聞いて、「そうだ！」と……。

水無田　**〝ピンピンコロリ〟**[69]ですね。

千田　そう。ピンピンコロリで孤独死、万歳！（笑）

西森　孤独死といえば、私が一番気に入らないのは、問題にされている

68 文化資本
個人が持つ文化的な資産のこと。文化的素養（絵や蔵書など）や学歴、資格、言葉づかい、行動様式などのことで、世代を超えて再生産される。例えば「蔵書の多い家庭の子どもは自然に本好きになる」など。

69 ピンピンコロリ
元気に長生きして、病気にもならず、コロリと死のうという意味の標語。高齢者にとっての理想的な死に方として支持を集め、長野県には「ピンピンコロリ地蔵」がある。

のが「かわいそう」とか「恥」とかになっているところなんです。女子と孤独死をつなげたがっているようで、例えばテレビで孤独死を取り上げているのを最近も見たのですが、「本当は男性も多いんですよ」という話になると、男性はみんな「いやいやいや……」という反応で、データを認めたくないという感じでした。

水無田　孤独死は圧倒的に男性が多くて、女性の倍ですよ**（資料18）**。

西森　でも、それを認めたがらないというのは、やっぱり恥の問題にしているんだなと思います。

千田　「孤独死」という名前を変えましょう。

西森　「自立死」はどうですか？

千田　「自立死」、いいですね！

水無田　確かに今、孤独死問題はすごく大きいですよね。

二〇〇〇年代に日本ではやった家族関連の流行語は、全部孤独死をオブラートに包んでいるなと思っています。〇三年の『負け犬の遠吠え』（前出）は、そのまま行くと高齢独身女性になりますよね。それから〇七年に『おひとりさまの老後』（上野千鶴子、法研）、これはそのままですよね。同じく〇七年一一月の『アエラ』には「婚活」という語が載りました。この語も、見方を変えれば孤独死を将来見据えて婚活をしておきましょうという考え方につながる。それが〇九年ぐらいになってくると、今度は「無縁死」とか……。

［資料18］

東京都23区における男女別の孤独死発生件数

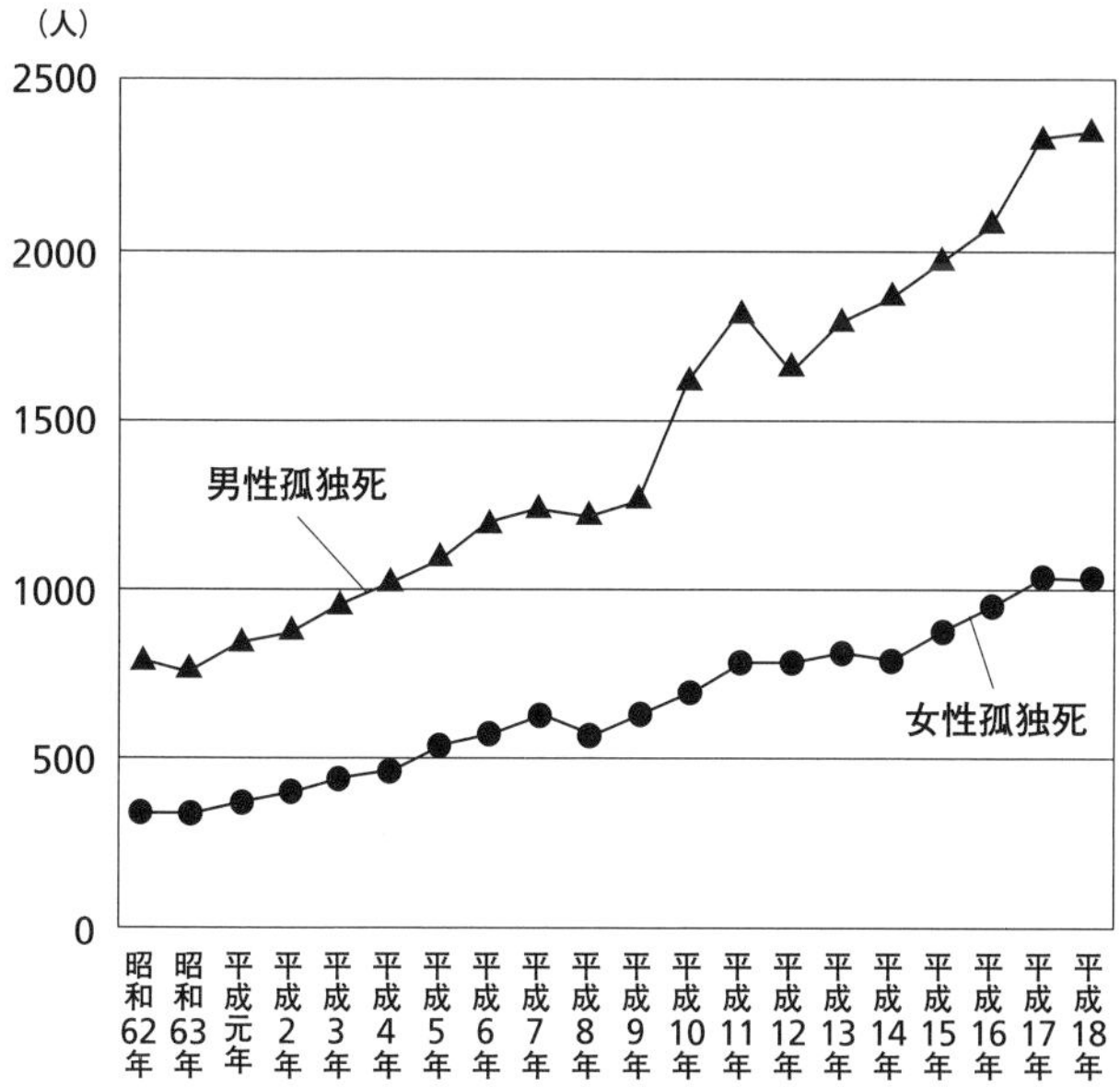

資料）東京都監察医務院「東京都23区における孤独死の実態」

千田　「無縁社会」。

水無田　日本型近代社会の一番の問題点というか、最終的な問題の集積地点は、孤独死問題とお墓問題だと私は思うんです。

お墓でいえば、先祖が代々継いできたのは、墓石を守ろうということでやってきたわけです。遺骨をずっと守るのではなくて、墓石に彫られた墓碑銘の家名を負ってきた。それがなくなるということは、家族の重荷から解放されることでもあるのですが、一方で、例えばパラサイトしている子は、親の介護が必要になってくると介護して、いずれ看取るわけですけれど、介護資源としては娘のほうがいいので、娘がずっとケアしていて、男の兄弟はどこか別のところに行ってしまって……。すると「お前しか残っていないから、お前が墓を守れ」と、〝**墓守娘**[70]問題〟が出てくる。

千田　実は、家を研究されていた鈴木栄太郎先生も「家というのは、そんなに簡単に永続しないんだ」というお話をしています。ですから、今「先祖代々の墓が〜」と言っているのも、きっと明治の初めのときに「田んぼの近くに住んでいるから田中にしよう」とか、そういうふうに名字を決めたような人たちで、一五〇年ぐらいの歴史しかないわけですよね。

西森　地方の墓には、〝無縁仏〟のようなものがすごく多かったですよね？

水無田　そうなんです。墓は買うことはできても、決して自分で管理はできないものなんです。永代供養といっても、管理料を滞納すると供養されなくなって……。しかも家名を継いでいる者が継いでいくのが原則ですから、別の家に嫁いだ娘だと姓が変わっていたりして困ってしまうんですよね。
だから、最近は家名を彫っていなくて、「いこい」とか「やすらぎ」とか、そういう柔らかい名前の墓石も多いですよね。あれは、姓が変わってしまった娘さんでも継いでいいように、ということらしいです。
千田　これだけ一人っ子が増えて、結婚しない人も増えて……というふうなことを考えると、墓を継いでいくのは無理だと思いますよね。
水無田　日本では墓制度が家制度を前提にしていて、そのまま近代家族化したので、本当にすごく矛盾だらけですよ。
千田　私、お墓はいらないけどな(笑)。
西森　お墓はかつてのマイホームと同じで、〝男の沽券〟みたいなものですよね。
水無田　男の沽券でお墓を買っても、結局管理するのは子どもたちなんですよ。子どもが管理費を数年滞納すれば、無縁墓地に移されます。
西森　いろいろな沽券が、最近は少なくなってよかったな、という感じはします。
水無田　それをなかなか手放してくれない男性も多い中、古市さんのよ

70 墓守娘
生家から離れるきっかけを失い、老親の介護から墓の管理まで任されることとなった女性のこと。この用語は信田さよ子『母が重くてたまらない―墓守娘の嘆き』(春秋社)で母子関係の病理を象徴する言葉として用いられた。かつての家父長制的前提であれば、墓を守るのは息子であったのが、近年では同居娘が担わされる役割となりつつある。背景には、晩婚化・非婚化、今なお低い女性の雇用待遇などにより、女性が離家しづらくなっていること、また老親も息子より娘を介護資源として期待しがちで手放したがらないことなどの問題が重複して派生している。(水無田)

うな人が出てきたということはちょっと希望かもしれませんね。
古市　最近は、それこそお墓とかお葬式にしても、自分らしさを追求したものがはやっていますね。
水無田　「生前葬」とかですね。
古市　遺骨をアクセサリーにしてもらうとか、イルミネーションが盛んな墓地とか。死んだとき用に自分でメッセージカードを準備しておいて、そのメッセージカードが亡くなった人本人から届くというのもありますね。
千田　でも、お葬式ですでに亡くなった人の挨拶音声を流すのは微妙な雰囲気になるらしいですよ。
西森　それを前向きな感じにとらえるのも、私なんかはまだ慣れない感じがします。
水無田　お葬式は簡素化の方向には行っていますよね。あと、親族のための世間体ではなくて、本当に自分を偲んでくれる人にだけ集まってほしいと……。
　それから最近増えているのが「密葬」ですね。高齢の著名な方が亡くなったときに、二、三日はそれを伏せていて、「葬式は済ませました」と発表していますね。これなら、付き合いで葬儀に出なければならない人も、少なくてすみますから。
千田　「家族葬しました」のようにですね。
　上の世代には、自分が死んだあと、豪華な葬式をしてほしいという昭和的な〝上がり〟

のような価値観がまだあると思うんです。でも今は、葬式が豪華だったら、その人の人生がよかったみたいな、そういうバブル的な発想がなくなってきたのではないでしょうか。

古市　七〇代、八〇代になっても、**勲章**[71]を巡って奮闘する方の話を聞いたことがあります。ランクが上の経済団体に所属していたほうが勲章の位が高くなるからそっちに移るとか……。この人たちはいつまでレースを続けるのか、とびっくりしました。

西森　でも、自分のメッセージを録音しておいて、お葬式で流したいというのは……。

古市　それは、自分をレベルアップさせたいというよりは、自分らしく終わりたいという……。

西森　アイドル化ですよね。ステージ化ともいえますね。

水無田　お葬式まで〝自分らしさ商品〟なんでしょうか。

古市　団塊の世代はそうなのではないでしょうか。ピースボートに乗っていたリタイア後の人たちも、「自分探しのために世界一周をしている」ということをよく言っていました。

ところで結婚しない女子の場合は、お墓とかどう考えているんでしょうか？　どう供養されたいとか……。

西森　供養なんかされなくていいと思っていますよ。「死んだら別に関係ないじゃん」と私なんかは思うしかないですしね。

千田　私もそう思います！

71　勲章
国や社会に対して優れた功績をあげた人を表彰するために、国から授与されるもの。いま一つその価値がわからないという若者も多いが、「歳をとったら、欲しいという気持ちがわかるぞ」というのが年配者の実感……らしい。

水無田　例えば散骨とかの「自分らし葬」は、実は面倒くさいんです。手間もお金もかかりますよ。
規定どおりにやっておいたほうがラクといえばラクなんですよね。

古市　でも、役所が紹介しているような、本当に最低限の葬儀もありますよね。
千田さんはどういうお葬式がいいとかありますか？

千田　私は孤独死したあと、ひっそりと埋葬されたいですよ。やっぱりお葬式で人が集まって「あの人はああだった、こうだった」とか言われるのも、何を言われるかわかったもんじゃないでしょう?（笑）　本当に悲しんでくれる人だけが、こっそり悲しんでくれればいいなと思っています。私は冠婚葬祭が苦手なんですよね（笑）。

水無田　わかります（笑）。

もはや結婚にメリットは見出せない

――古市さん、時間切れにて退場。本物の女子会になる。

編集S　それではまとめとして、この座談会を読んだ女性たちが自分の生き方を大事にして自由に生きていくために、アドバイスをお願いします。

水無田　自由になって、選択肢が増えたといっても、選べない選択肢だらけですよね。選べない選択肢は「選択肢」とは言えません。それは、ただの「絵に描いた餅」です。
さらに、女子の人生にとって今なお大きな意味を持つ「結婚」について言えば、お見合いシステムが瓦解して自由市場化されたあとの恋愛結婚は、自分にも相手にもこれだけは譲れないという条件や、選択する権利があるわけです。そうすると、根本的に自分が選択した相手に選択されない可能性が高くなるという問題に直面する機会も増えます。選べるはずなのに、選ばれない確率が上がるという矛盾がそこにあるわけです。その分、相対的はく奪感は高まるのではないでしょうか。

西森　私より少し上の世代だと、お見合い制度がまだ残っていて、もうちょっと保守的だったですよね。

千田　そうです。まわりに〝お見合いおばさん〟がいたりとか、上司の勧めとか社内結婚とか、とにかくまとめられてしまう。自由には生きられないんだけれど、でもある意味で、その枠中では生活保障がされていたんですよね。
これからの下の世代は、バブル世代ほどは高望みをしないで、本当に手軽に結婚するという説と、やっぱり生涯未婚率はどんどん上がるという説と、予想は両方あるのですが、この下の世代のことは意外に語られていない。先行き不透明で、今、結婚すること自体も難しいわけですよね。「結婚してもしなくてもいいんだよ」と言われているけれど、それは本当に選べているのかなという問題はあります。

西森　男性は、「別に結婚はいいです」と自分から降りても「かわいそう」と言われないし、以前のように結婚をしないと社会的に認められないという状況も少なくなってきている気もします。でも、逆に女性は、旧来の価値観をいまだにひきずっていて、男性に選ばれないと、いくら仕事ができても社会的に認められていないような、「かわいそう」な感覚がまだあるというか、逆に大きくなっている気がします。

千田　二〇代の結婚では、大きなきっかけは子どもができたからですよ**（資料19）**。二〇代前半で六割ぐらいでしょうか？　一〇代だと八割以上ですよね。

西森　だから、男性が相当警戒するということもありますね。

千田　結婚のメリットが思いつかないんですよね。

私は一九九二年に大学を卒業しているのですが、そのころはバブル期で、恋愛も消費文化の中に入ってしまっていましたよね。私の同級生とかは、大学に入って初めてつきあった人と、卒業後二、三年して仕事が落ち着いた時期に結婚しているんです。なぜ結婚するのかというと、お互い親元にいたりすると、デートが続いたりして親がいい顔をしないとか、ましてや旅行や外泊なんて結婚前にはできないとか、一九九〇年代はまだそういう時代だったわけです。そうすると、相手と自由に会いたいしセックスもしたいから……みたいなことが、結婚への**インセンティブ**[72]になっていたんです。でも今は自由につきあえますからね。

72 インセンティブ
意欲を引き出すために、外から与えられる刺激のこと。

［資料 19］

できちゃった婚の割合の変化

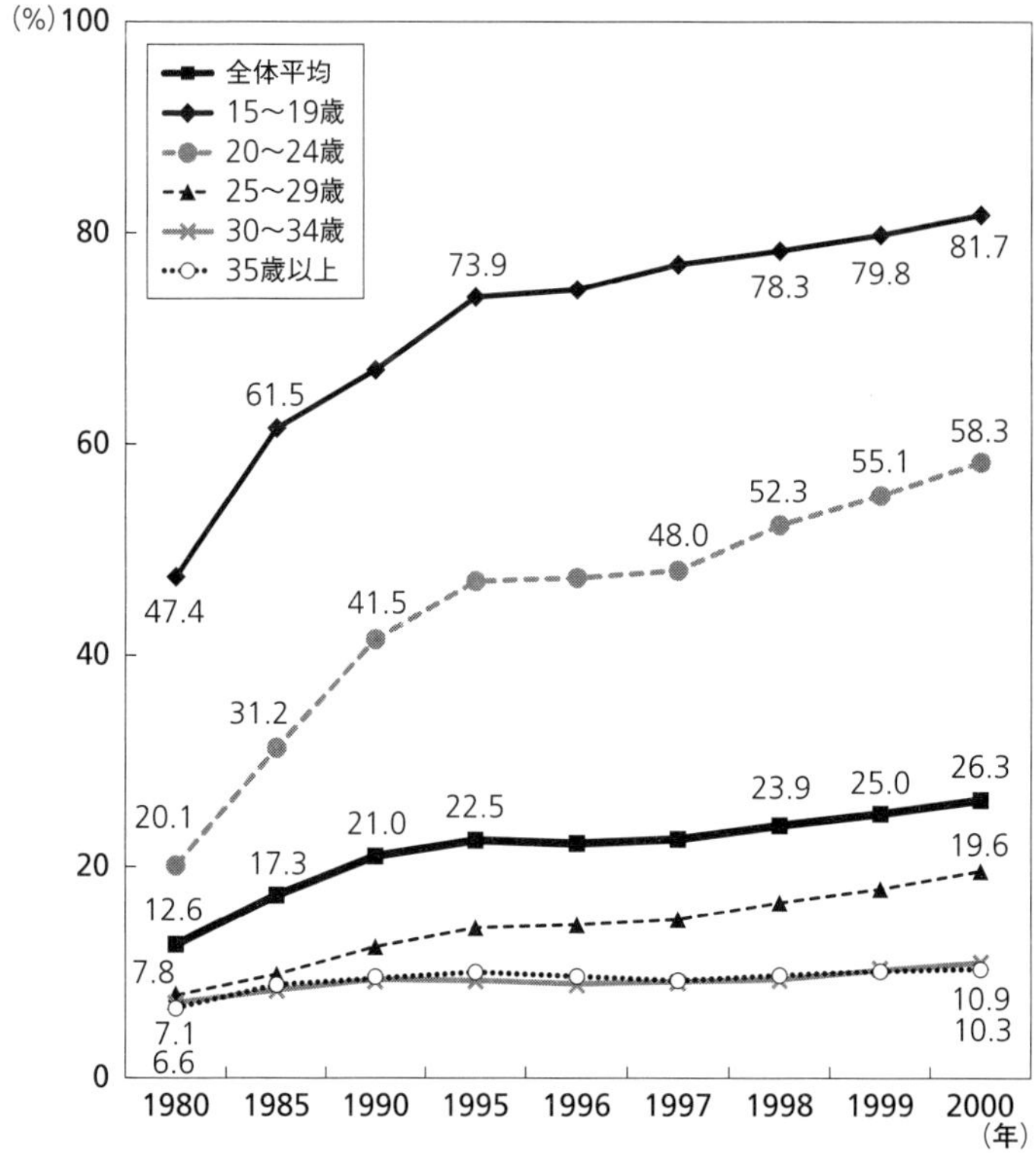

特にティーンエイジャーと20〜24歳のできちゃった結婚の急激な増加が顕著である。もはや妊娠くらいしか若くしての結婚へのインセンティブはないかのようである。（千田）

資料）厚生労働省「人口動態調査特殊報告」（2002年）
注）嫡出第一子について、妊娠期間が結婚期間より長い（＝「妊娠週数≧結婚週数＋4週」）出生数が、全体の出生数（結婚期間不詳は除く）に占める割合。

水無田　あまりにもフリーになってしまって、結婚に対して公的なプレッシャーが何もかからなくなっています。

千田　というわけで、みんなが結婚するためには、外泊禁止にすればいいんですね(笑)。

西森　女子の手軽なセックス禁止！　とかね。

水無田　確かにすごく手軽になってきています。セックスはやっぱり、相当な**文化規範**[73]というか、装置が必要なんですよね。なぜならバブル期ぐらいまでは、あんなイケイケな格好をしていても、いちゃついたりはするけれど意外とセックスは許さない、という感じでしたよね。

千田　堅かったですよね。でも、最近は結婚していてもセックスレスだったりとか、セックスに対する**ドライブ**[74]もすごく弱いような気がしています。

西森　今、男性も昔ほど童貞であることが恥ずかしくないですしね。

水無田　昔は**風俗**[75]に通ってでも、というのがありましたが、今、上の世代の人が「風俗も通わないのか」というようなことを言ったら、陰で笑われますよね。

西森　「地方出張の接待が風俗」みたいな文化もありました。

千田　社員旅行のあとのストリップとかね(笑)。おじさんの世代は、今まで行った風俗というのは、同窓会の集まりとか同業者同士の集まりと

73 文化規範
社会の秩序を成立させるための文化的な規範(別項参照)のこと。

74 ドライブ
辞書によれば、「機械などを駆動すること。また、その装置。コンピューターでは、磁気・光ディスクなどの駆動装置。ディスクド

かのあとに、男同士で絆を確かめ合うものなんだというようなことを結構言っていました。自分だけ断れないという雰囲気があるということも……。

西森　これも男の沽券ですね。

千田　**ホモソーシャル**[76]なんですよ。

水無田　今は職場に女性社員も多くなってきていますし、そもそも製業的な世界観でもなくなってきています。むしろ、女性社員の比率が高い業界が増えていますし、男性にも、女性的な配慮とか、空気を読んだりする気配りとかが求められています。

そうすると、古市さんみたいな男性がどんどん出てくる……（笑）。

千田　古市さんの場合はややデフォルメされていますが、やっぱり若い世代は古市さんのような感じですね。

「自由に生きられる」と言っても、状況はやっぱり厳しいですよね。こう言うとすごく古典的ですが、**男女雇用機会均等法**[77]があっても、女の子たちは「営業というのは、やっぱり男性が取りたいのではないか」とか、すごくいろいろと考えてしまいます。どういう人が本当は求められているのかを読む技術のようなものがありますね。

ライブ」。ここでは〝駆り立てるエンジン〟みたいなものか……。（千田）

75　風俗
もともとは、日常生活のしきたりや慣わしのことを指すが、「性風俗」、さらには性的サービスを提供する業種や性的産業のことを、単に「風俗」と呼ぶようになっている。

76　ホモソーシャル
男性同士の強い連帯関係のことで、ホモセクシュアル（男性の同性愛）とは別。むしろ同性愛者を排除し、異性の女性が加わることも嫌う傾向がある。例としては、体育会系や軍隊などに見られるマッチョな関係。

77　男女雇用機会均等法
正式には「雇用の分野における男女の均等な機会及び待遇の確保等に関する法律」で、一九八六年に施行。就職において男女の差別が撤廃され、女性も総合職として採用されるようになり、こうして就職した女性たちは「均等法第一世代」と呼ばれる。

西森　会社にはまだ昔の人が残っている分、ＯＬをしている女性とかには、気の遣い方が二種類あるかもしれないですね。上の人に対する気の遣い方と、同じ年代の人に対するものと……。

千田　女性の上司がいたりすると、〝対女性〟の気の遣い方が必要だったりもします。それにしても、みんなそんなに「自由に生きていいよ」と言われているんでしょうか？

水無田　きっと、そんなに自由だという気はないでしょうね。

編集S　〝**婚活**[78]〟がはやったとき、私の同世代はその言葉に乗じて、わーっと結婚していった感じはありましたね。

西森　三〇歳前ぐらいにその波が来ますよね。

編集S　二七歳か二八歳ぐらいのときですね。

西森　三〇歳になる・ならないという線引きみたいなものが結構あるわけですね。

水無田　その線は、今は三一歳ですよね。大卒の女子に関しては、かなり前から三一歳ではなかったでしょうか。つまり、〝大みそか〟(笑)。

千田　〝年越しそば〟(笑)。

西森　私の場合は、まわりが二九歳になって焦って結婚していって、一緒に遊べる友達がいなくなってしまったから、三〇歳で東京に出てきたんです。

千田　でも、それはその年代の話であって、最近は三五歳ぐらいまで延びている気がします。米倉涼子[79]とかの世代だと、もっと上かもしれません。
私のころはやっぱり三〇歳でしたね。三五歳ぐらいになると、そんな女性の近くにいると結婚しなきゃいけなくなるんじゃないか、みたいに男性のほうが勝手に気を回すというか……。こちらは全然結婚なんか考えていないし、そもそもつきあってもいないのに、「今すぐ結婚するつもりとかないんだよね（ごめん）」的な言い訳をしたり、「次につきあった人とは結婚するつもりなんだ」と宣言したりする男性の言動が驚きでした。

西森　なんでもそうですよね。まわりの人の空気感で、プレッシャーをビシビシ感じるというのは、お受験でもそうですね。〝なんとなくお受験〟という人もいるし、〝なんとなく結婚〟というのもあります。全部人がつくり出した空気みたいなものに乗せられて、しないといけないんだと思うのが一番よくない感じです。

中途半端な女子力なら、もういらない

編集S　では、結婚したい女子ができることは何かありますか？

水無田　結局、その人に適した「女子力」を上げることとなんでしょうか。旧来の、コテコテな女性役割に依拠したものではなく……。

西森　今、女子力の高い人はサッカーに行く人という感じがします。男

78 **婚活**
「結婚活動」の略。社会学者・山田昌弘の造語。山田氏との共著『「婚活」時代』（ディスカヴァー携書）を執筆した白河桃子さんの論考も参照のこと（２００ページ）。

79 **米倉涼子**
一九七五年生まれの女優。二〇一三年創刊のアラフォー独身女性向け雑誌『ＤＲＥＳＳ』（ｇｉｆｔ）の表紙モデルを務めている。

の人の趣味に合わせることこそが女子力だと思います。どちらかというと、女子の慣れ合いに染まらないということのほうがモテるためには必要なんですよね。男性が多いところに入るのが、一番結婚できる確率が高くなる。だから、意外と今まで考えられていたような女子力はモテるためには必要ないかもしれないですね。

千田　知り合いの男性編集者は地元の卓球の会で相手を見つけました。逆にお見合いはことごとくダメだったそうです。やっぱり趣味というか、競争相手のいないところで、自分のよさを生かせるところに行く。それがわかるというのが真の女子力。

西森　一番いけないのが、例えば手芸をやるのに女子だけで固まることですね。

千田　ワインの会とかね(笑)。

水無田　私は理系の大学でも教えているんですが、女子学生はきれいなのに化粧っけがあんまりないようなタイプが多いんです。だって、雨の日にガチなゴム長を履いていたりするんですよ！

千田　でも、それはモテますよ〜。

西森　男性のほうは、つくった魅力とか計算して近寄ってくる女子に対しての知識が高くなっているので……。

水無田　半端な女子力はダメなんですね。

千田　完璧ならいいんですよ。隙がないぐらいの女子力だったら、それはそれでまたターゲットとしてあるんですが、中途半端な女子力があるぐらいだったら、ゴム長を履いている子のほうが理系の学生もきっと心がなごむんですよ。

西森　ゴム長を履いて男性の多いところに行くのは、絶対勝ち組パターンですよ。

水無田　その大学の女子学生の特徴としては、まずヒールの高い靴を履いている子がほとんどいませんね。

西森　ヒールなんて消費の象徴ですから、男性はたぶん嫌ですよ。

編集S　「ヒールを履いていない女性は女じゃない」と言っていた知人男性がいます。

西森　それはもう、旧価値観ですね。

水無田　ある程度の年齢以上のおじさまによくある「女はヒールの高い靴を履いていないと、とにかく許さない！」みたいな価値観ですね。

編集S　そうです。同じ人が「リュックを背負っている女は許せない」、「スニーカーは許せない」とも言っていました(笑)。

水無田　すみません、私、今日リュックです(笑)。

西森　でも、そんなことは今はないですよね。女性に対して、トロフィー・ワイフ的な価値観を求めていたころの、景気がよくて収入も高かったころの話ですよね。今は不況になって、自分の資源を目減りさせたくない人たちは、裏が赤い……。

千田　ルブタン[80]？

西森　そう。ルブタンのヒールとか履いているような、ワインの知識に造詣があるような、そんな面倒くさい、自分磨きだけをやってきた〝消費の権化〟みたいな人には、ちょっと……という感じかと思います。いくら自分で稼いでいても、です。

水無田　そういう消費メディアにあおられて自分磨きばかりしていると、むしろ磨きすぎて相手がいなくなる。よく磨きすぎた日本刀は、近寄るだけで、触っていないのに斬られるというじゃないですか。磨きすぎて、名刀どころか妖刀になっている可能性があるなと思います。斬るターゲットを見つけたら、矢も盾もたまらず向かっていく（笑）。

男子がそのへんの〝気〟を察知するのに長けてきたということではないでしょうか。ここ数年ぐらい、女子よりも男子の進化が早いような気がしますね。

千田　しかもトロフィー・ワイフ的なものは、「俺はこんなきれいな女を妻にして、しかもこんなに着飾らせることができるぜ」という象徴だから、妻が個人的な消費をしてもそれでいいんですが、共稼ぎモデルになると、お互いが稼いでお互いの資産だから「お金は使わないでね」となりますよ。「そんな無駄な消費をするより稼いでこい！」というほうが強くなりますよね。

水無田　今、サラリーマンのお小遣いは、月に三万円台後半ぐらいでしょうか**（資料20）**。バブル最盛期の半分ぐらいですか。すごく安くなりましたね。

80 ルブタン
「クリスチャン・ルブタン」のことで、主にハイヒールを扱っているフランスの高級靴ブランド。ヒールが高く、またヒールの裏側一面が赤いのが特徴。

［資料20］

サラリーマンのお小遣い額の推移

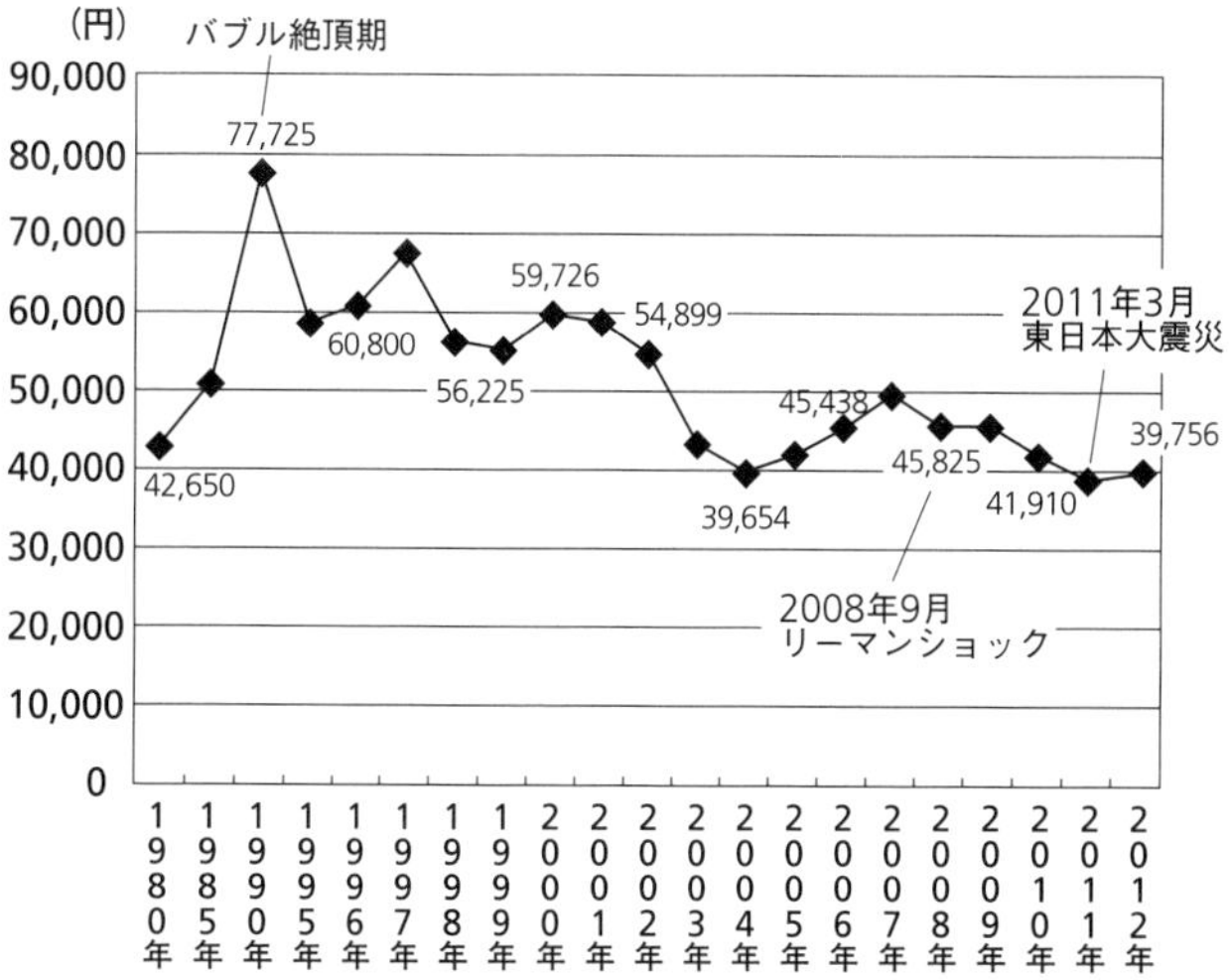

資料）新生銀行「サラリーマンのお小遣い調査　30年白書」
注）1980年、85年は20代～40代の平均、それ以降は20代～50代の平均。

西森　その金額を受け入れる男子はいるのでしょうか。

千田　そうじゃないとうまく家計は回らないわけですけれど、男性としてはきついですよね。だから、最近は共稼ぎで、お互いにいくら稼いでいるのか知らないという夫婦も結構いますね。でも、それだと資産は残らないんですよ。

編集S　お小遣い制は、夫が稼いできて、妻がそれをうまく切り盛りするのが仕事というように、役割分担ができていたから成り立っていたんでしょうね。

水無田　それはあります。高度成長期は特に、サラリーマンの目標としてマイホーム取得がありましたよね。地方から若い人たちが都市部に流入してきて、資産形成の意味もあって家を買う。それは、かなりの部分、専業主婦の家計の切り盛りでうまくいっていたのではないかと思います。

ところが今は、それが厳しくなっています。家を買うのは、大体子どもが生まれるタイミングぐらいというのが多いですよね。でも今は、晩婚化・晩産化でその時期が遅くなっています。以前、お小遣い制が厳しいという男性ばかりが集まって話を聞く機会があったのですが、全員六五歳までに家のローンを払い終えることができないと言っていました。

千田　しかも高齢出産の場合は、子どもの教育費にお金を使いすぎてしまう傾向があるんですよ。例えば二〇代同士で結婚していたら、そのころの給料は低いでしょうから、子どもにお金をかけたくてもかけられない。でもその分、三〇代、四〇代になって余裕が出てきます。ところが、四〇歳近くになって子どもができたとすると、それなりに収入もあるので、子どもにもお金をかけられますよね。

水無田　なるほど。やっぱり子どもはかわいいから、今できる最適なことをやっておきたいと思いますよね。でも下手をすると、それで資産がすっからかんになってしまったり……。

千田　なると思いますよ。そして、自分たちの老後へのしわ寄せが来る、私はそう思いますけどね。

幻想がなくなったらラクになる

水無田　先ほど西森さんが「女子力が本当に高い人は男の趣味に入るのよ」とおっしゃったんですが、男の趣味の中でも、マニアなほうに行ってしまうと、かえって出会いはないのではないでしょうか。私の好きなFPS[81]のオンラインゲームなんて、女性もいませんが、日本人もあまりいないですし……。やはりメジャーな男子世界に入るべきだとアドバイスすべきでしょうか。

西森　いやいや、モテますよ。しかもマニアはマニアほど、「俺の趣味

81　FPS
ファーストパーソン・シューティングゲームのこと（First Person Shooter、略してFPS）。一人称視点で相手を撃つため、リアルな戦闘シミュレーションが楽しめる。これに対し、人形使いのようにキャラクターを操作するシューティングゲームをサードパーソン・シューティングゲーム（Third Person shooter、略してTPS）という。前者は、例えば自分の背後にいる敵が見えないなどの死角が生じ、後者は「操作しているキャラクター」自身が照準を合わせる際邪魔になったり、場面転換で方向キーの角度が急に変わってしまったりといった問題が起きる。海外ではFPSが主流だが、日本ではTPSが好まれるといった「ガラパゴス化」も指摘される。（水無田）

がわかってくれる人がいない」ということに悲しんでいるので、それをわかってくれる人というのは、〝**神**[82]〟みたいに見えるんですよ。でも、気をつけなくてはいけないのは、趣味で男性に勝っちゃいけない。理解してあげてもいいけれど、勝ってはいけないんです。

千田　そこの加減は難しいですね。

西森　例えばキャンプや山に行ったりするときも、女性が昔のように〝添え物〟的に行っていたら足手まといなだけですよね。男子から「チッ」と思われますよ。同等に遊べるぐらいの体力は必要です。

水無田　では、婚活のために走り込みをやるとかでしょうか。

千田　まずはランニングからですね(笑)。

西森　女子が自分だけラクな立場で楽しもうとしたら、男子は腹が立つと思いますよ。だったら来なくていい、みたいに思う。

編集S　バーベキューでは女子も薪とかを割ればいいのでしょうか?

千田　それはやりすぎです(笑)。

西森　薪は、運べばいいんですよ(笑)。

千田　『**30婚**[83]』と書いて「ミソコン」と読む漫画があるのですが、主人公がどういうふうに男性をゲットするかというと、彼女がひたむきに仕事とかをしていて、そういう姿にみんな「この子は裏表がなくて一生懸命なんだ」といって惹かれていくんですよ。やっぱり女子力が中途半端にあるというか、計算高い人は絶対ダメになるように漫画では描かれているわけです。打算ではうまくいかないんだと……。

西森　打算が見えるからいけないんですよね。

水無田　完璧に打算が見えないぐらい女子力が高ければ、いいんですね。

千田　本当に女子力が高い人は、自分も騙していますからね(笑)。

全員　名言ですね(笑)。

編集S　では、どうやったら結婚できるか、という以前に、みなさんは結婚はしたほうがいいと思いますか?

千田　一回はしたほうがいいのではないでしょうか。こんなものかということを思うために……。私が周囲を見ていて思うのは、一度結婚して離婚した人は、結婚願望とか結婚幻想とか全くなくなって、すごく身軽になって、そして一人を満喫しています。ここが一番の勝ち組だなと私は思うんですよね。

西森　私も、今ごろ一回離婚とかしていたら、気持ち的にすごくラクだろうなと思います。

編集S　一回幻想を手に入れて、それを解き放ったときが一番軽くなる……。

西森　偏見とかも少なくなるのではないでしょうか。

82 **神**
ゲームやアニメなどのよい作品や、そのほかの最高の状態などを評するときに使用する。(西森)

83 **『30婚』**
今どきの三〇代の結婚事情を描いた、米沢りか作の漫画。二〇〇七~一二年、『Kiss』(講談社)で連載。主人公は、最初、素敵な出会いを夢見ながらも、自分からは何も行動を起こさない〝待受女〟という設定。

水無田　私が中学生のときですが、ある女性の先生が女子生徒たちに「いいですか、これからの人生で女の子というのは、若いうちは結婚していなければ『いつ結婚するの？』と言われ続け、結婚したら『子どもはまだですか？』と言われ続け、一人目を生んだら『二人目はまだですか？』と言われ続けますけどね、でも離婚してしまえばもう誰も何も言ってきません」と淡々とおっしゃっていたんですね。

先生の過去にいったい何があったのかという……（笑）。でも、先生のおっしゃっていたのはそのとおりで、確かに一回結婚というものを経験して、ましてや子どもがいたりして、離婚あるいは死別する。そうなると誰も人生に突っ込みを入れなくなりますよね。女性が真に自由になるのは、解脱するのはそれからと……。

千田　そうです。でも、現実にはシングルマザーは大変ですけどね。

子ども幻想というものもあって、それも経験しないと幻想が崩れないというのがある。もちろん、いない人はそれでとてもいいんですけれどね。

やっぱり人生一回きりしかないのが惜しいですね。幻想がなくなったあとで、もう一回人生をやり直してみるみたいなオプションがあるといいのですが……。幻想みたいなものは、経験しないと崩れないという、人生の不条理のようなものを感じますけどね。

水無田　経験は最大の教師である。ただし授業料が高すぎる。

千田　本当に高すぎる（笑）。

論考・5

モヤモヤ女子に捧ぐ〜不確定な人生を生き抜くための「武器」四か条

白河桃子

はじめに

「仕事はもう十分やったし、ふと違う世界に行きたくなったんです」。

そう語るのは、夫の海外駐在のため、仕事を辞め、帯同赴任した三〇歳の東大卒元キャリアウーマン。聞けば「もったいない」と思うぐらいのよい職場を辞めている。

今の二〇代、三〇代の女性たちは「その気持ちはよくわかる」と言う。

ある広告代理店の独身女性（二七歳）も、営業から希望して、今の企画の部署に移った。入社してからずっと営業で、二三時に会議、夜中の二時から「焼肉食べに行くぞー」という生活をしてきた。「ふと我に返って、男性と同じペースでずっと行けるのかと疑問を感じたんです。体力的にもきついし、結婚して子どもを産んだらと思うと……まだ結婚の予定はないんですけどね」。

「仕事を諦めるのが早すぎるだろっ、だから女は……」と突っ込みが入りそうだが、「男性中心の働き方」に合わせて結果を出し、力技で認められようとしてきたのが男女雇用機会均等法第一世代からのキャリアウーマンなら、今の女性たちは「女性性と両立しない男性中心の働き方」に疑問を持つのが早いのだ。

どんなに仕事を頑張っている女性でも、二七〜二八歳ぐらいで転機が訪れる。就職し、がむしゃらに仕事に邁進《まいしん》してきたが、ふと「子育てをしながら、今の時間、今のクオリティを仕事に捧げられるか」と思うと未来は見えないのだ。

その先輩世代を見ている今の女子大生たちはどうだろう。就職が決まった早稲田、慶応などの女子大生に聞いてみた。「太く短く働きたい。激務ＯＫです。子どもができたら専業主婦がいい。後悔しないためにも、それまではバリバリ働きたい」。これが女子大などの学生になると、「細く長く働くために、体力的にきつくない事務職がいい」。

事務職は今や「腰掛け」というよりも「一生の仕事」にするための「戦略的事務職」という場合も多いのだ。「栄養」「保育」などの花嫁修業的な学部のほうが、実は資格や専門性を伴っているので仕事の意欲が高いという場合もある。

イマドキの女子大生は「仕事や社会貢献に意欲が高い」二割、「絶対に専業主婦」二割、「モヤモヤ女子」六割というのが、私が彼女たちに接した感触である。この「モヤモヤ女子」たちが次世代の鍵だ。モヤモヤのまま「稼げず」「産めず」でいいのか？

私は、「仕事、結婚、出産、女子学生のためのライフプランニング講座」というテーマで、ボランティアの出張授業をしている。女子大から早慶東大まで、今や依頼は幅広く来るようになった。これは「産み育てる自活女子とそのパートナー」を育てるための授業である。『妊活バイブル』（講談社プラスアルファ新書　二〇一二年）の共著者、齊藤英和先生（国立成育医療研究センター・不妊診療科医長）が「卵子、妊娠の正しい知識」の担当で、私が「仕事と産み育てることとの両立」を担当する。「産める就活」などのコンテンツも入っている。

「こうすれば幸せになる」という唯一無二の正解や絶対法則はない。しかし、三〇歳過ぎで「養ってくれる男が現れる」ことを夢見る派遣社員や、パラサイト女子の婚活を見ている私としては、「自活力」をつける、つまり「稼げる」女子になって初めて「結婚」「出産」がやって来ると確信している。「昭和結婚」（男性がメインで稼ぎ、女性は家庭中心という役割分担）を待つことは、すべてを停滞させる。

もう、「貯金しながら王子様を待つのはやめよう」と言いたいのだ。

今OLの間では「貯金」がブームだが、賢い女子たちはすでに「男性に頼ることはできない」とわかっているから、貯金をする。しかし、その一方「養ってくれる王子様」が今の不安な生活から解放してくれることを夢見ている。貯金というリアリティと王子待ちというファンタジーが、今の女子たちを引き裂くのだ。

そう、「もう結婚では食べられない」時代だ。私もできることなら女子たちに武器を配りたい。しかし私の配れる武器は大したものはないのだが……。

「絶対に幸せになれるよ」とは言ってあげられないが、せめて「不安の正体」とその対処法を少しなら伝えることができる。モヤモヤした不安に向き合うことで、目を背ける人もいれば、不安を越えて一歩を踏み出す人もいるだろう。

女子に配りたい武器四か条をここに記したい。

第一条：女性の〝ルサンチマン〟を断ち切り、未来へ進め　ルサンチマンをゼロにしてリセットしよう！

先日、NHKスペシャル「シリーズ日本新生　仕事と子育て　女のサバイバル2013」(二〇一三年四月六日放送)に出演させていただいた。「なぜ女性がフツーに働けないの？」という疑問を投げかけ、保活(子供を預ける保育所を探す活動)中のママ、長時間労働と子育ての兼ね合いに悩むママ、出産退職を強要されたママ、独身の女性社長、専業主婦志向の女子大生など、さまざまな女性たちをスタジオに集めて討論するというスペシャル番組だ。収録は三時間半超に及んだ。専門家としてスタジオにいたが、一つ残念なことがあった。「ルサンチマン」（恨み、妬み）を断ち切り、未来に進むには、ちょっと時間が足りなかった。

日本の女性問題を語るときには、さまざまな人のルサンチマンに配慮しなくてはいけない。『婦人公論』的な「専業主婦しか選択肢がなかった」人たちのルサンチマン。「男性の三倍働かなくちゃ認められないから頑張った人」「仕事は無理だから子育てをとった人」「産む予定すらない独身なのに、育休中の人の仕事を押しつけられる人」のルサンチマン。主婦論争、負け犬論争、女女格差。「女の敵は女」であり、「すべては男が悪い」……。

もう二〇年も同じ議論をぐるぐると繰り返しているような気がする。

議論する時期は終わったのではないか。そろそろ、今をゼロポイントにリセットして、真剣に、未来につながる施策を考えるときなのだ。時代の変化はどんどん速くなっている。過去にとらわれている時間はない。未来につながる施策とは、「自分はどうするか？」ということと、「社会はどう変わるか？」という、両方向のことだ。

専業主婦も専業主夫も危険。ニート願望を捨てよ

先述のＮＨＫの番組中、私の役目は「専業主婦志望の女子大生」たちに「リスク」を説くことだった。「自分はどうするか？」のほうに焦点を当てたものである。

一九九七年の「男性不況」以来、男性の収入は落ち、仕事も減っているという（永濱利廣『男性不況――「男の職場」崩壊が日本を変える』東洋経済新報社、二〇一二年）。産業構造の変化に伴い、女性が進出しているサービス、介護、医療の分野が伸び、製造業など男性の職場が減っているというのだ。男性一人で一家を支えるという「昭和結婚」を望むかぎり、結婚は遅くなり、晩婚へ、ひょっとすると「永久婚活」となってしまう構図がある。

専業主婦志望の女子大生に「年収四〇〇万円以上の独身男性は二五パーセント、四人に一人しかいません」という事実を伝えると、女子大生たちは「世の中甘くない」、「絶望しました……」と暗い顔をした。夢を壊してしまって本当にごめんなさい。

しかし、「（子育て期のみでも）専業主婦を夢見ると、結婚が遅くなる、またはできない」というリスクがあるのは事実だ。今日本で起きていることは、欧米でも起きた「中流男性の没落」という現象である。代わりに女性の社会進出が進み、共働きの子育て世帯が増え、出生率が回復するというシナリオが北西ヨーロッパにはある。ただ、日本は女性の社会進出が進まないうちに、どんなに「理想年収」を下げても、男性の没落の速度が早すぎて追いつかないというのが今なのだ。

結婚して子どもが欲しい人は、「出産を越えて働ける職場」を探す「産める就活」が重要となってくる。または「最初の三年ぐらいは激務でも、専門性がつく職場で働き、その後ライフイベント（人生の重要な出来事）に合わせて転職、または独立する」という道もある。

目指すは自活女子

日本の場合、男性中心の「二四時間働ける社員がいい社員」という職場の文化、生産性の低い長時間労働、一度辞めると正社員になりにくい仕事の流動性の低さが、「子育てとの両立」を阻む。日本全体の「働き方の改革」や「風土の改革」が必要なのは明らかだが、女性の体は社会が変わるまでは待てない。子どもが欲しいと思う人は、細く長く働き続けながら「専業主婦を目指さず、自分の食いぶちを自分で稼ぐ〝自活女子〟になる」ことが結婚や出産への近道となる。

女性が、結婚して男性に依存することも危険だが、今は男性にとっても「会社依存」は危険な時代となっている。

さらに専業主婦も専業主夫（早稲田で初めてそういう男子学生に出会った！）も、結婚後にリスクがある。リストラや倒産、稼ぎ手の年収が一〇〇万円下がることなどが普通にある。経済的な理由で復職しようとしても、子育てブランク後の四〇代女性が、「パートにすらなれない」、「子育て後ニート状態」が今問題になっている。日本の場合、安定した賃金を得たり、一〇〇万円以上を稼ぐには、「途切れなく働き続けること」が重要となっている。

女性が働くことは今や「べき論」ではなく、各家庭で経済的に合理的かどうかで答えを出せばいい。例えば、家事を外注する方法だってある。東南アジアでは安価なメイドシステムがあるので、女性が外で働く賃金とメイドの給料を天秤にかけ、「どちらが家族に貢献できるか」で決まるのだ。

第二条：〝ちょっと先〟の人を見よ

専業主婦の娘たちの迷い

「あなたが五歳のときに、お母さんが家で子育てしていた人は？」と教室で問うと、ほとんどの学生の手が挙がる。「それでは今は働いていますか？」と問うと「何らかの形で働いている」人がほとんどだ。

つまり彼女たちの母親は「卒業→就職（正規）⇒出産→退職⇒子育て→子育て後復帰（パートなど）」という、日本女性の「M字型就労」の王道コースを来た人たちである。だが一度無業になると、正社員に復帰できる人は四人に一人、三〇〇万円以上稼げる人は一〇パーセント。この世代の女性たちの多くが年収一〇〇万円前後しか稼げない。

「お母さんが幸せな専業主婦だったので、私も子育ては自分の手でしたい」。「お母さんがしてくれたことを自分の子どもにもしてあげたい」。

専業主婦の娘であるイマドキ女子たちの子育てへの理想は高い。高学歴女性ほど、女性の教育に投資できる裕福な家庭で育っているので、育児の理想を高く持つ。「東大の同級生が子育てで潔く仕事を辞めているんですよ」と東大卒の三〇代女性は言う。東大卒女性があっさりとキャリアを放棄できる。それはすでに女性が仕事をすることが当たり前で「希少価値」ではないからだ。

男女雇用機会均等法世代にとっては「専業主婦はデフォルト（初期設定）」で、キャリアウーマンこそ輝いて見えた。今は逆である。仕事は女性にとって「しなければならないもの」で、社会に出て闘うことが辛すぎると考える女子たちにとっては苦行であり、「専業主婦」こそ憧れの存在に見えてしまう。彼女らは家事や子育てが特別好きというわけではなく、「外に出るのが辛い」からという消極的な選択の結果が「専業主婦志向」の増加なのだ。専業主婦なら社会に出なくても、ニートと言われない。最近の日本の女性は、仕事ではなく子育てでの自己実現に重きを置いている。

これは均等法以降のこの二五年あまりの間、女性たちが男性社会の会社組織で、絶望を繰り返してきたことの証である。子育てと両立できない、仕事で成功しても、女としての価値が上がらない。そもそも仕事ばかりしている女子はモテないんじゃないか？　自分の女性性の実現と社会での自己実現が両立しないことにずっと苦しんできた。

結婚相談所の調査をした英国の女性研究者がおもしろいことを言っていた。「日本の年収の高いキャリア女性たちが、結婚相談所のプロフィールに『仕事一辺倒に見られますが、結婚したら家庭を中心にしたい」、「本当は家庭的』とアピールする。本当に不思議です。日本女性は仕事の能力があることを『恥ずかしい』と思っているのか？」

また、「今の高校生は、出産したら仕事を辞めることを、地球が丸いのと同じぐらい強固に信じている」という話も聞いた。「娘を働く女性に」と言うと、専業主婦の友達は「私は自分を否定しないとロールモデルになれない」と落ち込む。

では、どうすれば、この「地球が丸い」という前提を変えることができるのだろうか？

お母さんを見習わない

今の二〇代女性の母親世代は均等法後世代で、バブル世代でもある。「仕事をしたかったけれど、家庭に入るしかなかった。だからあなたは頑張って」と娘たちのキャリアを応援してきた均等法前世代とは違う。均等法後世代で専業主婦の母親たちは「仕事か結婚か」を選ぶとき、「結婚」のほうを選んだという自負がある。いわば「負け犬」「勝ち犬」という意味では「勝ち犬」。

仕事ではなく、子育てと家庭で自己実現を勝ち取ってきた世代。養ってくれる男を手に入れたことこそがステイタスでもある。その母親を見て育ってきた女子たちが、もし母親が幸福なら、母親モデルを強固にすり込まれるのも当たり前だ。

しかし、もうお母さんの時代の勝ち組論は通用しない。「いい企業に入って、結婚して、子育て後に復帰する」という女子大生が描きがちな夢は、一部の稼げる男性をめぐる壮絶なレッドオーシャン（競争の激しい市場）となる。

お母さんたちはそのレッドオーシャンでの勝ち残り方を娘に伝授できるのだろうか？　実はできない人が多い。なぜならバブル世代の母親たちは「男に懇願されて結婚する」ことがステイタスだったからだ。草食男子に自分から告白しないと、恋人ができない今の娘たちの苦労はわからない。日本で唯一恋愛文化が活性化した時代の申し子であるバブル世代の女性は、獲物をみずからとりにいくことを知らない。その娘たちが、壮絶なレッドオーシャンを勝ち抜き、専業主婦の座を手に入れられるとはとても思えない。お母さんとは時代が違う。それをはっきりと認識して、お母さんを参考にしないほうがいい。

ロールモデルがいない！

では、ロールモデルをどこに求めるのか？　企業の講演で「身近に何年か後にこうなりたいというモデルがいますか？」と聞くと、大企業でも「近くにはいない」という。

正社員総合職の女性たちは「子どものいる先輩たちはスーパーウーマン。だいたい、同じ部署には子どもを産んで、私と同じ職種で続けている人がいない」と言う。

第一子が一歳時で就業継続している女性は、二五年間ずっと二割で推移してきた。二〇一〇年の調査で初めて三七パーセントに跳ね上がった。二〇〇八年のリーマンショックのあと、急激に保育所が足りなくなったように、経済的な危機意識が女性たちを仕事にとどめたことも大きいと思う。まだまだ出産を越えて働く女性は五割を超えない。

そこで必要なのがロールモデルの存在だ。私は今の女子大生たちに「四〇代以上」の人を見せても、参考にならないと思う。取り巻く環境が違うからだ。

二〇代または三〇代ちょっとの働く女性を呼んできて話をしてもらうと、学生たちの目の輝きが違う。遠い「スーパーウーマン」ではなく、近しい「ちょっと頑張れば、ああなれるかもしれない」という存在だからだ。

「自分よりちょっと先の人を見よ」。これはIT関連で起業した奥田浩美さんに聞いた言葉だ。彼女のサロンには二〇代、三〇代のIT関連の男女が集う。起業家女性の支援もしている。

「自分の身近にいる人が、起業していく。それを見て、別に有名な人じゃなくても『私にもできるかもしれない』と思えるようになる人が増えてくる」。

「ちょっと先の人」を見て参考にする。その人に追いついたら、またちょっと先の人を見る。世の中の変化のスピードが速いからこそ、こうしたロールモデルが必要となってくるのだ。

第三条：タイムリミットを設定せよ

「就」「婚」「妊」三つの活動の行い方

なぜ「就活」「婚活」「妊活」など「女性を焦らせるようなことを言うのか」と言われることがある。女性に「活」ばかり入れているようだが、日本人にとって、かつては「自然体＝受け身でいる」ことだった。しかしそれは「ベルトコンベア」があった時代のこと。日本には、卒業すれば就職、就職したら「社内結婚」ができる集団社内お見合い、結婚退職後、出産・子育てというベルトコンベアがあった。だから自分から動かなくてもよかったのだ。社会や会社、地域が結婚までの面倒を見てくれたベルトコンベアはもうない。今は、自分で動かないと何も始まらない。「自然に出会いたい」は「受け身で向こうから来てほしい」という意味だから、なかなか結婚できないのだ。

私は、女性には登る山が三つあると思っている。「仕事」「パートナーシップ（結婚）」「出産」だ。このどれもが、「受け身で待っている」だけでは何も起こらない。例えば私が『「婚活」時代』（山田昌弘氏との共著、ディスカヴァー携書、二〇〇八年）で提唱した「婚活」も、「条件で結婚しろ」とか「結婚相談所に行け」ということではない。「自分から意識的に動いてパートナーを探すこと」であり、欧米では普通に行われていることだ。みずから意志を持って動こうということを提案しているにすぎない。そして今や結婚も出産も義務ではない。結婚しないで楽しく宝塚のおっかけをしていても、嘆くのはお母さんぐらいだ。そこは選ぶことができるのだ。

「出産」から逆算してみる

しかし、「何もかも自由ですよ。選んでください」というのは、日本人には本当に向いていない。選択の自由は「苦しさ」や「生きにくさ」にもつながる。長い間「決められたこと」に従うのがいい子と教育され、選択や問題解決の手法を学ばずにきた私たちには「自由」は重すぎるのだ。だからみな迷う。

でも、いまさら「この人と結婚しなさい」と親が決めた時代には戻れない。例えば、「生理的にイヤな男」と生活のために我慢して一緒に暮らすほど、日本女性は「ハングリー」ではない。

何もかも自由、という状態が辛いなら、一つだけ「定点」を決めると、選択もスムーズになる。仕事、結婚、出産の中で唯一タイムリミットが設定されているのが「出産」だ。そこをポイントにして逆算してみたらどうだろうか？

ある二八歳の女性に「『妊活バイブル』を読んで人生が一八〇度変わった」と言われ

た。ぼんやりとしていた未来が、出産タイムリミットを設定することでリアルになった。「出産したら家庭に入ると思っていたけれど、意外にリミットは近かった。そうなると仕事もまだまだしたいし、お金も足りない。子育てに協力してくれる人じゃないと困る。男性の好みの基準も変わりました」。

実は「婚活」講座よりも「妊活」講座を聞いた人のほうが、結婚する確率が高いのだ。仕事に関しては絶望している女子たちも「子どもは欲しい」という人が多い。これが三〇歳を超えると「結婚はともかく子どもが欲しい」という人も現れる。

絶対に子どものいる人生がいいと思っている人は、そこを定点として、自分の人生を逆算することをぜひやってみてほしい。

三〇年後へのタイムマシン

ある企業で研修をやったとき、午前中のテーマが「三〇年後を考える」というものだった。対象は二〇代から三〇代で、独身か子どものいる営業の女性たち。女性たちの不安は「今の仕事と子育てを両立できるとは思えない」というモヤモヤ感にある。

しかし三〇年後の日本の「少子高齢化」や、GDP三位からベスト一〇の下のほうへの落ち込みなど、さまざまなデータを見たあと、温度が明らかに変わっていた。

「もう専業主婦とかやっている場合じゃないなと思った人は？」と言うと全員の手が挙がる。自分のためなら変われない。しかし三〇年後といえば、ちょうど自分の子どもが社会に出る時期だ。

「こんな大変な時代に社会に出る子どもにとって、働いていないとお手本になれない」という思いが彼女たちを奮起させるのだ。

一〇年後、二〇年後ではなく、三〇年というタイムスパンで初めて「自分の子どものため」に女性たちは変わるのだ。これは目からウロコの出来事だった。そして今は「養ってくれる男性」の存在を信じている彼女たちも、三〇年後にそんな男がいるとは全く信じていないようだった。

第四条：稼げば、女性も社会も変わる

働き方の改革

今は専業主婦優遇の壁を越えられず年収一〇〇万円前後の働きをしている女性たちに、もっと稼いでもらうことは、日本経済の活性化につながる。それはさまざまな専門家によって試算されている。

女性たち自身も、仕事がないと、結婚、子育ては難しい。途切れがないよう、なるべく細く長く働き続ける覚悟があるほうがいい。

とは思うのだけれど、「リーママ（サラリーマンママ）」の「正社員フルタイムと子育ての両立」はやはり壮絶だ。社会も「共働き夫婦」を標準としたシステムに移行していかなければならない。

何よりも待機児童問題（大都市を中心に、保育所が満員のため入所できない状態）を解消しないと、いずれ「保育所に入れなかったおかげで仕事がなくなった」と国を訴える人が出てくるのではないか？　働く権利を搾取されているとしか言いようがない状態なのだ。かつて保育所の利用者は「夫の稼ぎがないかわいそうな女性」や「自己実現のために働きたい女性」だったのかもしれないが、時代は変わった。保育所に子どもを預けたい女性たちは、フツーに働きたいだけなのだ。

同時に「長時間労働中心の働き方全体の改革」が必要になってくる。何よりも日本人は長い時間働きすぎなのだ。欧米でもアジアでも、トップエリートは身を粉にして働くが、フツーの人は一九時には家族と食卓を囲んでいる。

フランスは週三五時間労働で有名だが、あるテレビ収録のときにそれを言ったら、ディレクター氏は「三五時間……僕は二日で消化しちゃいますよ」とびっくりしていた。

男女ともに九時から一七時までフツーに働いて、子どもと夕食をとって、という生活がなぜできないのだろうか？　短時間低賃金で不安定なパートか、長時間労働の正社員、二つしか働く選択肢がないのは、どこかおかしい。「中時間労働」があってもいいのではないか？

すでにIT企業のサイボウズなど、新しい働き方に舵を切っている会社もいくつか出てきている。サイボウズでは、社員一人ひとりがライフイベントに応じて「ワーク重視」「ワークライフバランス重視」「ライフ重視」を選択できるのだ。出産前はハードに残業していた女性たちも、出産後は早めに仕事に戻ってくる。働き方が選択できるからだ。

サイボウズモデルは、利益率がいくらぐらいなら実現するのか、他の企業に応用するにはどうすればいいのか、ぜひ専門家に検証してほしい。

貧困女子の防止策

何よりも「自分の分は自分で稼ごう」とハッパをかけるのには、貧困女子問題がある。単身世帯女性の三人に一人が「貧困」であるという調査結果がある。家賃を引くと「八万五〇〇〇円」しか残らないという定義だ。必死に働いても、生活保護を受給するより苦しい生活になる。

これは結婚したらOKという問題ではない。結婚して子育てで仕事を辞め、もし離婚したら、八割のシングルマザーがこの貧困に当てはまる。そして今六五歳以上の単身女性の二人に一人が貧困である。つまり「誰の金で食っていると思っているんだ」といばっていた男性も、「自分が死んだあとの妻の分は稼いでいなかった」のだ。

とにかく、この時代を「生き抜く」だけじゃなく「楽しく生き抜く」には、まず「自活女子」になることだ。そのうえでなら、別に結婚して子どもを産むという選択をしなくても、何も問題はない。現に日本はそちらの選択肢のほうが充実している。韓流、ジャニーズ、宝塚、アニメ、ＢＬ、テニミュや仮面ライダー、戦隊ヒーロー……。「萌えと金があれば生きていける」とは友人編集者の名言である。

まあ、でもそれを認めてしまうと国は滅びるので、少子化の観点からは困るのだが、女性の幸福という意味では「それもあり」かもしれない。

社会も男性も変わるとき

私が今、「婚活」の提唱から「女子×仕事」問題に重点をシフトしているのは、構造的な問題を解決しないかぎり、結婚は増えないと思うからだ。

構造的な問題とは、「出産したら働けない⇒子育て期に養ってくれる男性を探す⇒そんな男性は少数なので結婚が遅くなる、またはできない⇒晩産で子ども数が減る、または結婚しない人が増えて子どもが減る」ということだ。

この悪循環をどうにかしないと、婚活をいくら熱心にしても無意味ではないかと思う。そして男性もそろそろ変わるときだろう。仕事と子育てを両立できている女性たちの夫はイクメンが多い。「夫や周囲の協力があって、やっていられる」と仕事を続けるママたちは言う。社会も会社も環境整備は重要だが、やはり一番の理解者であり味方は「夫」なのだ。夫選びはこれからの女性の働き方を考えるときの最重要ポイントだ。

「男が養う」という機能がなくなった日本の夫婦関係では、男性の役割も当然変化する。「たった一人で稼ぐ」ことから解放された男性は何をすればいいのか？　家庭に参画するイクメンになること、また女性にサービスすることが当然求められるだろう。ドアを開けて押さえる、重いものを持つ、椅子を引く、「ありがとう」「ごめんなさい」を口にする。それだけでも女性との関係は目に見えて変わるはずだ。よく「結婚制度をなくせばいい」とか「一夫多妻制」を無邪気に唱える男性がいるが、それは「モテる男性の一人勝ち」社会で、決して多くの男性にとって居心地のいい社会ではないのだが……。

おわりに

今女性たちのまわりに起きているさまざまな事象は、結局は「既得権益との闘い」という構図なのだと思う。

「子育て女性は会社のぶら下がり」という批判はあっても、「ろくに仕事もせず高給をとる四〇代以上男性のぶら下がり」は批判されない。専業主婦は「稼げる男」を既得権益として手放さないが、その周囲にはレッドオーシャンで敗れた女性たちが独身として残る。既得権益を守ろうとしているうちに、どんどん社会はおかしくなるのだ。

しかし閉塞した社会にも希望はある。それが元気な自活女子だ。

「彼は家事もできるし、ヒモ志望なんですよ。私はどうせずっと働くんで、家事・育児をしてくれるほうがありがたい」という女子大生に初めて会った。ヒモと言っても「研究職志望の高学歴ヒモ」なのだが……。

私が自活女子を推奨するのは「働く覚悟ができている女性のほうが元気で明るい」と感じるからだ。同じような能力があり、よい会社に内定をもらっていても「三〇歳以降働けるかどうかは微妙」と思い込んでいる女子大生たちは、どこか不安げだ。

「離婚して、お母さんが途中から養ってくれた。私も働くのは当たり前と思っている」。

「お母さんは専業主婦だったけれど、仕事がないから離婚できなかった。私はイヤだな」。

離婚や父親のリストラ、稼ぎ手が交代する経験や、母親の生き方を見ていて、「しっかり働こう」と決意する女子たちは強い。

自活すると決めた元気な女性たちが増えれば、社会は少しずつ動いていく。彼女たちを応援しないまでも、邪魔しない社会になってほしい。今の女子大生たちが子どもを持つころは「働くのって当たり前ですけど何か?」という風潮ができていてほしいのだ。

最後にあと一つリクエストするなら、「働く女性と産み育てる女性は同じ女性」というリンクをつくること。行政でもまず監督官庁が違う。働く女性は経済産業省、産み育てる女性は厚生労働省。何よりも当の女性たちがわかっていない。

そのために必要なのは、やはり教育だろう。「働く自分」と「産み育てる自分」は同じ自分で、どちらも同じ自分の人生の上に起きることなのだ。

そして社会の男性たち。特に意思決定層の男性たちは「家にいる専業主婦の妻と会社の女性社員」を同じ女性と思ってほしい。

自分の人生の豊かさを決めるのは自分だ。人のせいにして止まっていては、損をするのは結局自分なのだから。子どもを産みたい、育てたいという女性がいるかぎり、応援したい。「そんな面倒なこと、もうやーめた!」と当の女性たちが言うまでは。

そしてここは女子会……言い切ってしまおう。自活できれば女子たちは勝手に繁殖しだすと思う。かねてから、男女がカップルとして恋愛を繰り返し子どもが増えるフランス式より、女系家族で子育てし、男は通い婚で繁殖する女系家族方式が日本に合っていると思っている。ますます、未来のカギを握るのは武器をとった女子たちなのだ。

column

2013年、女性誌の現状は?

西森路代

現在のアラサー、アラフォー向け雑誌を見ていると、「母」「妻」「女」などという言葉をよく見かけます。

この既婚者が前提という路線を真っ先に採用していたのは『VERY』(光文社)であり、読者にその三つの要素がすべて揃うことが望ましい、というメッセージを発信してきました。

この傾向は、『Domani』(小学館)でも見られますが、「妻」であっても、「仕事」にかなりの比重を置いているのと、表紙モデルが未婚の知花くららというところで、独身者にもなんとなく優しい雑誌であるように思えます。

台湾のリン・チーリンを長らくカバーモデルにして働く女性のファッションを応援していた『Grazia』(講談社)が、「ワーキングマザーがいちばん楽しい。」という路線に舵を切ったのは、二〇一二年四月のことでした。このリニューアル号では、表紙に松嶋菜々子を迎えて、働く母のエピソードをインタビューで引き出していました。ところがこの路線変更もむなしく、二〇一三年八月号をもって休刊することとなりました。

『Grazia』の休刊の知らせとほぼ同時期の二〇一三年の春、創刊二五周年を迎えた『MISS』(世界文化社)が『MISS plus +』という名前に変更して新装刊しました。このリニューアルでのコンセプトの一つは、「母になってもっと輝きたい」というもので、水原希子、松島花、佐田真由美という三人のカバーガールがミューズとして誕生しました。

このように、昨今の雑誌のリニューアルには、「母」がキーワードになることが増えましたが、この路線は果たして新たな読者を生むのか、見守りたいところです。

ただ、『DRESS』(gift)が、「母」を排除するという逆張りで奮闘しているのも事実です。また、「母」でもそうでない人でも読める『LEE』(集英社)が意外と好調だということは、あまり指摘されません。

どんな記事をつくれば女性誌が女性の心をとらえられるのかが混沌としてきた現在、雑誌の方向性と売れ行きを慎重に探究しようという動きも出てきました。小学館は、女性誌編集局内に、「女性のリアルなライフスタイルや価値観を研究・発信」する「小学館女性インサイト研究所」を設立すると発表しました。こうした雑誌の枠を越えた取り組みや研究は、女性誌の休刊が相次いでいる現状を受けて、今後も増えていくのではないでしょうか。

column

アジアで同時多発する女性の生き方

西森路代

韓国、台湾、日本のエンターテインメントを見ていると、ほぼ同時に同じ現象が社会をにぎわせることがあります。

例えば、未婚アラサー女性の恋愛を描いた韓国ドラマ「私の名前はキム・サムスン」(二〇〇五年)は、イギリスの映画『ブリジット・ジョーンズの日記』(二〇〇一年)に影響を受けていて、韓国で五〇パーセントを超える視聴率を記録しました。日本でも、『ブリジット・ジョーンズ』がヒットしたことが、酒井順子さんの『負け犬の遠吠え』(二〇〇三年)へとリンクしていたと思われます。そして、『ブリジット・ジョーンズ』と『負け犬の遠吠え』、「キム・サムスン」の影響を受けて、二〇〇九年の台湾で、その名も「敗犬女王」という、アラサー女性と年下男性との恋を描いたドラマが制作され、異例のヒットを記録しました。

「キム・サムスン」も『負け犬の遠吠え』も「敗犬女王」も、それぞれの地域で社会現象を巻き起こしました。それほどに、三〇歳を超えた未婚の女性というものが各地域で無視できないほど増えたということでしょう。ちなみに合計特殊出生率は、韓国一・二三、台湾〇・八九五で、実は日本の一・三九よりも低いというデータ(すべて二〇一〇年)があり、そんな背景もあって、三つの地域で同時に社会現象になったと思われます。

また、アメリカ発の人気ドラマ「SEX AND THE CITY(以下SATC)」もこの三つの地域に影響を与えました。台湾では二〇〇三年に「ラヴ・ディクショナリー」という、女性四人の恋愛や性を描いた作品が制作されました。SATCのキャリーの職業はコラムニストでしたが、それを意識したのか、ヒロインの職業は編集者です。

韓国でも、二〇〇八年に「マイ スウィート ソウル」というラブ・コメディドラマが放送され、こちらも、ソウルという都会に暮らす編集者のヒロインとその友人たちの恋を描いたものです。また、二〇一〇年のドラマ「恋愛マニュアル〜まだ結婚したい女」も、テレビ局で働くキャリアウーマンと一〇歳年下の男性との恋、そして女の友情を描いた、SATCに影響を受けた作品です。

日本では、SATCに直接影響を受けたドラマは見当たりませんでしたが、その影響は「女子会」という言葉や、その女子会で、セキララな恋愛話をするという行動に影響を与えました。ただ、SATCに影響を受けたドラマは、アジアに現れた「負け犬」女性たちが、その後に見出した都会的なライフスタイルを描くにとどまったため、社会現象にはなりえなかったようです。

[執筆者プロフィール]

千田有紀 Yuki Senda

1968年生まれ。社会学者。武蔵大学教授。専門は家族社会学、ジェンダー・セクシュアリティ研究。著書に『女性学／男性学』(岩波書店)、『日本近代型家族』(勁草書房)、『上野千鶴子に挑む』(編著、勁草書房)、『ジェンダー論をつかむ』(共著、有斐閣)などがある。

石崎裕子 Yuko Ishizaki

1973年生まれ。独立行政法人国立女性教育会館・専門職員。男女共同参画に関する研修事業の企画や調査研究に携わっている。専門は、社会学、ジェンダー論。早稲田大学商学部で、「現代の社会構造―ジェンダーの社会学(「男女共同参画関連科目」)も担当している。

水無田気流 Kiriu Minashita

1970年生まれ。詩人、社会学者。東京工業大学世界文明センター・フェロー。著書に『無頼化する女たち』(洋泉社)、『黒山もこもこ、抜けたら荒野　デフレ世代の憂鬱と希望』『平成幸福論ノート』(田中理恵子名義、光文社)など。詩人として『音速平和』(第11回中原中也賞受賞、思潮社)、『Z境』(第49回晩翠賞受賞、同)など。

西森路代 Michiyo Nishimori

1972年生まれ。ライター。専門は香港、台湾、韓国などアジアのエンターテインメント。女性誌など、女性向けカルチャー全般。著書に、『K-POPがアジアを制覇する』(原書房)などがある。また、文化系トークラジオLife(TBSラジオ)などメディアでの発言も注目されている。

白河桃子 Touko Shirakawa

1961年生まれ。少子化ジャーナリスト、作家。専門は女性のライフデザイン、未婚、晩婚、少子化、女性活用など。著書に『女子と就活 20代からの「就・妊・婚」講座』(中公新書ラクレ)、『「婚活」時代』(山田昌弘氏との共著、ディスカヴァー・トゥエンティワン)、『妊活バイブル 晩婚・少子化時代に生きる女のライフプランニング』(講談社)など。

古市憲寿 Noritoshi Furuichi

1985年生まれ。東京大学大学院総合文化研究科博士課程在籍。慶應義塾大学SFC研究所訪問研究員(上席)。専攻は社会学。著書に『絶望の国の幸福な若者たち』(講談社)、『僕たちの前途』(講談社)などがある。NHK・Eテレ「ニッポンのジレンマ」(2013年度)のMCを、青井実アナウンサーと共に務める。

本書は、弊社ウェブサイト「ジレンマ＋」に掲載した以下の記事を
加筆・修正し、書き下ろしの論考を加えて再構成したものです。

「『結婚』で幸せになれますか？
——女子が自由に生きるには　ジレンマ女子会【前半戦】」

「磨きすぎた女子力はもはや『妖刀』である
——女子が自由に生きるには　ジレンマ女子会【後半戦】」

「女子会観戦記」（古市憲寿）

「ジレンマ＋」は、NHK出版が運営する、NHK「ニッポンのジレンマ」と
ゆるく連動したウェブサイトです。
http://dilemmaplus.nhk-book.co.jp/

校正　猪熊良子
DTP　NOAH
装幀・本文デザイン　水戸部 功
JASRAC出1305053-301

女子会2.0

2013（平成25）年5月25日　第1刷発行

編　者　「ジレンマ＋」編集部
発行者　溝口明秀
発行所　NHK出版
〒150-8081　東京都渋谷区宇田川町41-1
TEL 03-3780-3325（編集）　0570-000-321（販売）
ホームページ　http://www.nhk-book.co.jp
振替　00110-1-49701

印刷・製本　共同印刷

Printed in Japan　ISBN 978-4-14-081603-5　C0036